Meinen Eltern und meiner Frau Claudia

LEONARD BERNSTEIN

Die letzten zehn Jahre

LEONARD BERNSTEIN

Die letzten zehn Jahre
Ein fotografisches Portrait von Thomas R. Seiler

Mit einleitenden Worten von Hildegard Behrens
und Thomas Hampson und Erinnerungen von Freunden,
Kollegen und Mitarbeitern

EDITION STEMMLE

Zürich New York

... Es zeigt meinen Vater, wie ich ihn besonders gern in Erinnerung habe: aktiv in Gedanken ...

Alexander Bernstein

These photographs reveal the true Lenny – the most deeply, touchingly, genuinely, remorsefully theatrical character in music.

In admiration
Yehudi Menuhin

Beim Betrachten dieser wunderbaren Fotografien werde ich von vielen, einander oft widersprechenden Gefühlen erfüllt. Hier ist mein Vater im letzten Jahrzehnt seines Lebens, fern von daheim.
Was haben wir ihn vermißt, wenn er ins Ausland reiste! Doch dann fallen mir auch wieder all die Male ein, da er mich und meine Schwestern mit auf die Tournee nahm. Es hat solchen Spaß gemacht, mit ihm zu reisen: die wunderschönen Konzerte, all die vielen neuen Leute, die man kennenlernen, all die Städte, die man erforschen konnte, und immer meines Vaters unerschöpfliche Energie und Freude an der Arbeit und der Zeit, die er mit seiner Familie und seinen Freunden verbrachte.
Wenn Leonard Bernstein nach Europa reiste, war dies, als würden seine Batterien aufgeladen. Die meisten Konzerte wurden zu Triumphen, und er genoß es, neue Freundschaften zu schließen, alte Freunde wiederzusehen und die Welt durch verschiedene Sprachen zu entdecken.
Dieser Fotoband ist insofern einmalig, als er Leonard Bernstein in einem ganz bestimmten Alter und an ganz bestimmten Orten zeigt. Doch zu guter Letzt tröstet mich die Feststellung, daß dies der Mann ist, den ich kannte und liebte – so vertraut, als machten wir gerade Buchstabenspiele neben dem Swimmingpool. Denn schließlich war er ein Mann, der überall auf der Welt daheim war.

Alexander Bernstein

Alexander Bernstein in der Wohnung seines Vaters im Dakota-House, New York, 1996

Für viele Jahre blieb die Bernstein-Wohnung im New Yorker Dakota-House nahezu unberührt. Ich hatte die Gelegenheit, die Wohnung, die im Frühjahr 1997 verkauft wurde, kurz vor ihrer Auflösung im Herbst 1996 zu fotografieren. Das Inventar wurde am 10. und 11. Dezember 1997 bei Sotheby's in New York versteigert.
Der Erlös floß dem Bernstein Education Through the Arts (BETA) Fund zu, der von Leonard Bernstein 1990 in seinem letzten Lebensjahr errichtet wurde.

Bernstein und John F. Kennedy, beides Harvard-Absolventen, waren Freunde. Als Bernstein von Kennedys Ermordung erfuhr, hat er ihm seine eben fertiggestellte Symphonie *Kaddish* gewidmet: «To the Beloved Memory of John F. Kennedy». Das zweite Foto auf dem Flügel zeigt Bernstein mit seinem Sohn Alexander.

Leonard Bernsteins Wohnung im Dakota-House, New York, 1996

Flughafen München Riem, 1987

Inhalt

«Oh well, some other time.» L.B.

Es gibt noch zwei Sorten Menschen auf der Welt: diejenigen, die ihn gekannt haben, und diejenigen, die ihn nicht gekannt haben.
Zu denjenigen, die ihn nicht gekannt haben, gehören natürlich jene, die ihn nur *gesehen* haben. Auf die Frage «Wie war er denn?» halten sie unweigerlich inne, blicken auf, lächeln in der Regel schief (oder grinsen gar) und holen zu einer Litanei von Adjektiven aus, meist in der Superlativform «Er war einer der ... sten, die ich je ...», bevor sie ihre Beweisführung stolz zum Abschluß bringen.

Die anderen, jene, die ihn tatsächlich gekannt haben, halten auf dieselbe Frage hin ebenfalls inne und blicken auf, doch weniger um eine Erinnerung zu beschwören, als um die fragende Person genau zu betrachten und zu mustern, als wollten sie abschätzen, ob der oder die Betreffende zur Frage berechtigt oder – noch wichtiger – für die Antwort bereit sei.
Denn eines müssen Sie wissen: «Lenny» – Leonard Bernstein – war überwältigend! Er war es immer ... er wird es immer bleiben.
Was also ist das große Geheimnis des Lebens eines Menschen, des Lebens von Lenny, nach dem dauernd gefragt wird? Ist es das «Was» seiner Erdentage, das «Wie» seiner Talente oder das «Warum» seines Strebens? Statistiken und Annahmen lassen keine Einblicke in das Wesen eines Menschen zu, und ganz bestimmt nicht in Lennys Wesen. Die Geschichte hingegen schon. Nicht die Geschichte von Lenny, sondern die Geschichte, die Lenny uns immer wieder erzählte – die Geschichte, die er mit jeder Geste erzählte, jedem Blick, jeder Haltung und jeder musikalischen Phantasie, mit der er abhob. Ein großer Künstler erzählt immer die große Geschichte: die Geschichte, die immer einmalig ist und sonderbarerweise dennoch durch die Generationen hindurch die gleiche bleibt: die Geschichte des Seins.
Lenny hatte die Geduld eines Heiligen, doch Verstellung konnte er nicht ausstehen. Verstellung im Sinne von tun, als sei man etwas, was man gar nicht ist, was im Grunde schlimmer ist, als gar nicht gewesen zu sein.
Der kreative Hauch, den er atmete und den wir von ihm erhaschten, roch nach Stärkerem als nur dem Ich eines Mannes. Er war vom Geruch der Zeit geschwängert, wie er alten, weisen Büchern innewohnt. Er berauschte einen mit dem einfachen und zugleich tiefgründigen Versuch, den Augenblick, jeden Augenblick, in seinem Zusammenhang mit jenen Gefühlen und Gedanken zu schildern, genau wie es war und ist.
Ich erinnere mich, wie ich Lenny in meiner überschwenglichen, jugendlichen, naiven Art einmal fragte, warum Mahler seine *Lieder eines fahrenden Gesellen* mit einer solch merkwürdigen Ansammlung von Angaben begonnen habe: «Eine Triole über einem 2/4-Takt in einer viertaktigen Phrase, notiert im Tempo 63 für eine Viertelnote, und dann eine Fermate! über dem Taktstrich! die übergeht in denselben 2/4-Takt (ohne Rhythmuswechsel) im Tempo 60 für eine Viertelnote, als der Gesang einsetzt. Die ganze Frage wiederholt sich in der nächsten Phrase. Ich meine, also wirklich, Mensch, welche Notation, welche Beherrschung des Rhythmus, welch subtile Artikulation ... blah, blah, blah ...» (Ich höre mich geradezu.)
Nun, Lenny blickte bloß auf von seinem gemütlichen Scotch an jenem herbstlichen Sonntagnachmittag in Connecticut, Millionen Meilen weit entfernt von Mahlers Leben, und sagte nicht ohne Bissigkeit: «Verdammt nochmal! Bist du noch nie auf einer jüdischen Hochzeit gewesen? Weißt du: *Daidle, Deedle, Dum, Yump, Dum ...*» (mit Schmirgelpapierstimme Mahlers Melodie summend) «und dann singt der Typ ... und er ist unglücklich! Mach schon! Vergiß den ganzen Quatsch, und sing einfach!»
Und *er* sang, wie *ich* noch nie gesungen hatte. Wenn man mit Lenny musizierte, müssen Sie wissen, besonders, wenn man mit Lenny sang, dann war das eine einzige Stimme. Dieses Erzählerische, Wahrheitssuchende, das in jeder Erinnerung an oder jedem Bild von Lenny vorkommt, brachte uns eine Art Transzendenz, von der in der Beschreibung seines Musizierens oft die Rede ist. Doch tatsächlich entstand sie aus seinem leidenschaftlichen Bedürfnis heraus, daß andere mit ihm über den einen Augenblick hinausschweben sollten zu den vielen uns allen gemeinsamen Augenblicken, über das Ich des einzelnen hinaus zum Ichzentrum des Alles, um gemeinsam im Wesen des Mitfühlens, der gemeinsamen Leidenschaft und der Liebe aufzugehen: in der Gemeinschaft des Seins.
Um die oft verwendete Formulierung, daß ein Bild mehr als tausend Worte sage, aufzugreifen: Was Sie in Händen haben, ist die kleine Enzyklopädie eines kleinen Teils des großen Lebens eines kleinen Mannes mit einer riesigen Seele, der auf seine bescheidene Art uns kleinen Menschen auf diesem kleinen Planeten in diesem weiten Universum eine Erweiterung des Bewußtseins und der Leidenschaft wünschte. «Oh well, some other time.» L.B.

Thomas Hampson

Lebensrausch und tiefste Melancholie

Es ist eine Ehre für mich und eine Herausforderung, zu diesem wunderbaren Bildband über Leonard Bernstein einleitende Worte zu schreiben. Da ihn viele Freunde und Zeitgenossen viel länger und vielleicht besser kannten als ich, will ich mich darauf beschränken, meine eindrucksvollsten Erinnerungen aus den Jahren unseres gemeinsamen Musizierens niederzuschreiben.

Ich lernte Bernstein 1980 nach einem seiner Konzerte in München beim Abendessen persönlich kennen. Es war ein glühender Abend, und als er mich wissen ließ, daß er einen *Tristan* mit mir plane, war ich sprachlos vor Entzücken. Zwischen Weihnachten und Neujahr begann die Arbeit. Es war ein gewaltiges Projekt, die drei Akte auf Januar, April und November verteilt. Daß ich in diesem Jahr, nämlich sechs Wochen vor dem dritten Akt, meine Tochter Sara zur Welt bringen würde, war mir in der Anfangszeit unseres *Tristans* selbst noch unbekannt. Die Livekonzerte im Herkulessaal mit dem von Bernstein sehr geliebten Orchester des Bayerischen Rundfunks wurden gleichzeitig in Rundfunk und Fernsehen übertragen wie auch für Video und Schallplatte aufgezeichnet. Wir Sänger standen auf einem hohen Podest hinter dem Orchester, jeder hatte ein ganzes Bouquet von Mikrofonen vor sich, und ein bißchen agiert sollte auch werden. Ein großer Erwartungsdruck lag auf allem und allen, aber es war schnell klar: Je höher die Voltage, desto wohler fühlte sich der Maestro.

Bernstein hat einmal gesagt: «Wenn ich Beethoven dirigiere, ist es mir egal, ob ich so dirigiere, wie Beethoven dirigiert hätte. Wichtig ist, daß ich der Überzeugung bin, daß das, was ich mache, im Geiste Beethovens ist, selbst wenn ich wüßte, Beethoven hätte das anders gemacht. Man ist nicht Sklave eines alten Werkes, sondern auch Schöpfer von heute!» In der gleichen atemberaubenden Weise machte Bernstein sich auch den *Tristan* zu eigen. Da es Peter Hofmanns Rollendebüt war, war der Maestro rührend und mit höchster Aufmerksamkeit bemüht, ihm dabei über alle Klippen und Abgründe der Partie zu helfen. Dafür, daß er sich auf diese Weise in der Rollenidentifikation mit dem Tristan eine gewisse Zurückhaltung auferlegen mußte, schien er sich zu entschädigen, indem er bei Isolde um so ungehemmter «aus dem Vollen schöpfte». Er sang und brummte meine Kantilenen laut mit, den Blick nach innen gerichtet. Als er vor Isoldes zentraler Phrase «Er sah mir in die Augen» das Orchester in einem exzessiven Rallentando – wie mir schien – fast zum Stillstand brachte, wehrte ich mich meiner Haut und klagte: «Lenny, du läßt mir ja gar nichts mehr übrig für mein Ritardando! Isolde bin ich, du mußt nun nicht alles sein wollen!» Er war ein «eifernder Gott», und seit diesem ersten Akt glimmte zwischen uns ein Fünkchen Streitlust.

Nach einer der Proben setzte sich Lenny, im weißen Bademantel mit Zigarettenspitze, an ein Cembalo, das gerade im Wege stand, und machte einen faszinierenden Brainstorm durch den harmonischen Aufbau der Tristan-Partitur. Unvergeßlich!

In Wien, München und Bregenz habe ich mit Bernstein seine dritte Sinfonie, *Kaddish*, aufgeführt, wobei er gnadenlos mein Hebräisch korrigierte. Dieses bewegende Stück hatte seine verstorbene Frau, Felicia Montealegre, mit ihm aus der Taufe gehoben.

In New York hat Lenny mich bei ein paar Benefizgalas am Klavier begleitet, teils gaben wir seine eigenen Lieder oder auch Marlene Dietrichs Evergreens aus dem *Blauen Engel*. Lenny im kessen weißen Tuxedo mit schimmernder Lurexhose und Lack-Schnallenschuhen, ich im Marlene-Look mit mitternachtsblauem Frack, Chapeau, Zigarettenspitze

und Straß-Stöckelschuhen. Wir hatten einen Riesenspaß; überhaupt wurden die Feste gefeiert, wie sie fielen, auch nach einer wunderbaren *West Side Story* am Broadway, zu der Lenny Peter Hofmann und mich eingeladen hatte.
Wenn ich durch die so sehr charakteristischen Fotos dieses Bildbandes blättere, fallen mir Geschichten aus Bernsteins Leben ein, die er zu vorgerückter Stunde gerne preisgab. Lebensrausch und tiefste Melancholie zehrten an der Substanz dieses vulkanischen Temperaments. Der Raubbau an seiner Natur grub tiefe Furchen in das Urgestein. Ich erinnere mich, wie er uns in New York erzählte, daß er dabei war, mit Hilfe eines Ärzteteams das Schlafen wieder zu erlernen.
Bernstein hat das olympische Feuer, die Flamme der Leidenschaft für die Musik an die Jugend weitergegeben wie kaum jemand. Seine Unvoreingenommenheit («there is no such thing as U- and E-Musik, only good and bad music!»), seine eigenen Kompositionen, seine große Verehrung der Beatles, all das waren der jungen Generation Beweise seiner «Glaubwürdigkeit» und der Jugendlichkeit seines Herzens. Als ich 1997 mit Christoph Eschenbach in Japan einen Liederabend beim Pacific Festival gab, das Bernstein 1990 für junge Musiker aus aller Welt ins Leben gerufen hatte (und wo er sich kurz vor seinem Tode noch einmal so wohl und lebendig gefühlt haben soll), gaben wir als eine unserer Zugaben eins seiner Lieder für Gesang, Klavier und Cello (*Dream with me*). Der erste Cellist der Wiener Philharmoniker (Friedrich Dolezal) war nach seinem eigenen Konzert in einem anderen Auditorium zu uns herübergekommen, um diese Zugabe mit uns zu machen. Als ich das Stück ankündigte, ging ein jubelnder Aufschrei durch das junge Publikum. Der Funke, der Name Bernsteins, hatte spontan gezündet.

Hildegard Behrens

Proben zu *Tristan und Isolde*, Herkulessaal, München, 1981

Rafael Kubelik

<
Chorprobenraum des Bayerischen Rundfunks, München, 1981

Mit dem Korrepetitor Günther von Noé

Hildegard Behrens und Peter Hofmann

Auf einer Konzerttournee mit Lennys *Kaddish* 1981, beim Abflug von München nach Zürich, machte Lenny sich mit seinem eleganten Cape, weißem Seidenschal und langer Zigarettenspitze daran, in der vordersten Reihe der ersten Klasse Platz zu nehmen, während ich durch den Vorhang in die Economy-Class schlüpfte. Alle saßen schon, da ging der Vorhang auf, Lenny erblickte mich und rief mit seiner rauchigen Stimme: «What's the matter, Darling, kannst Du es dir nicht leisten, erste Klasse zu fliegen?» Ich schluckte meinen Ärger herunter und antwortete lachend: «Doch Lenny, kann ich, aber Du kannst es Dir nicht leisten, Economy zu fliegen!» Der Vorhang ging schnell wieder zu und wir hoben ab.

Hildegard Behrens

Proben zu *Tristan und Isolde*,
Chorprobenraum des Bayerischen Rundfunks,
München, 1981

JOOLA
SPORT CONNY FREUNDORFER
SENIOR
SENIOR

Proben zu *Tristan und Isolde*, Herkulessaal, München, 1981

Die langjährige Zusammenarbeit zwischen Bernstein und dem Bayerischen Rundfunk fand ihren Höhepunkt in der legendären *Tristan*-Produktion von 1981 für Fernsehen und Schallplatte, mit Hildegard Behrens als Isolde und Peter Hofmann in der Partie des Tristan. Wir waren fasziniert von dem tiefen Ernst, ja nachgerade philosophischen Verständnis Lennys gegenüber Wagners Musik und seiner kompromißlosen Deutung dieses Liebesdramas. Am Ende der Produktion, beim Abhören im Studio, waren wir stumm und ergriffen – und Lenny saß vor der Partitur und weinte. «Unbewußt, höchste Lust.»

Martin Wöhr

Mit Martin Wöhr, Tonstudio
des Herkulessaals, München, 1981

Mit Charlie Harmon, Musikverein, Wien, 1982

September 1982 im Musikverein in Wien. Eine Probe mit den Wiener Philharmonikern ist gerade vorbei. Zu den Werken, die in diesem Monat gespielt und aufgenommen worden sind, gehören unter anderem Brahms' Violinkonzert (mit Gidon Kremer), Doppelkonzert (mit Kremer und Mischa Maisky), zweite Symphonie und zweite Serenade; Mozarts Ouvertüre zu *Don Giovanni* und das Adagio aus Mahlers zehnter Symphonie.
Es sind die letzten Konzerte und Aufnahmen gewesen vor Leonard Bernsteins Versuch, sich in den Komponisten der Oper *A Quiet Place* zu verwandeln. Wiederholt hat er gesagt, das Schwierigste bei dieser Metamorphose vom Dirigenten zum Komponisten sei, seinen Kopf freizumachen von der Musik «all dieser Komponisten», in diesem Fall also von Brahms, Mozart und Mahler. Hinter der Ermüdung auf seinem Gesicht liegt eine In-sich-Gekehrtheit, die mit der Leere vollkommener Erschöpfung verwechselt werden könnte. Doch tatsächlich ist dies die Maske eines Menschen, der einer inneren Musik lauscht. Die Probe ist vorbei, doch in Mr. Bernsteins Kopf ertönen die Klänge weiter. Das Tuch, das ich ihm um die Schultern gelegt habe, wirkt wie ein Königsmantel: Frottee, das sich als Hermelin ausgibt, oder vielmehr das Accessoire eines Preisboxers nach einem Kampf. Das Weiß des Tuchs verstärkt das jenseitige Dämmerlicht an diesem späten Herbstnachmittag im Musikverein. Es ist das Halbdunkel einer alten Bibliothek, das ruhige, rationale Gedanken fördert. Es ist das gleiche Licht, das Brahms vor 105 Jahren in diesem Gebäude bei den Proben für seine zweite Symphonie gesehen haben muß. Hier ist alles durchdrungen von der Musik der Gedanken, und die Luft des Musikvereins legt sich einem wie ein Königsmantel um die Schultern.
In der Ecke links ist die Schulter des Konzertmeisters Professor Gerhart Hetzel, der Leonard Bernstein höflich eine ziemlich knifflige musikalische Frage stellt. Ich zweifle nicht daran, daß Mr. Bernstein die fragliche Passage in seinem Kopf abspielt. Ich höre zu, das Kinn affektiert auf die Hand gestützt, ein unbewußter Versuch, möglichst ernsthaft zu wirken, während ich nicht nur die Frage, sondern auch Prof. Hetzels elegant höfliches Deutsch zu begreifen trachte. Soweit ich mich erinnere, hat Bernstein für die Brahms-Werke eine bestimmte Artikulation der Streicher gewünscht...
Das gehörte zu meinen Aufgaben: Solche Angaben des Dirigenten in den Noten des Orchesters festzuhalten.
In wenigen Wochen wird Mr. Bernstein in seinem Heim in Fairfield, Connecticut, sein und im Lauf des Winters *A Quiet Place* schreiben. Doch die Musik dieser Probe und dieser Konzerte (es hat eine kurze Tournee mit den Wiener Philharmonikern nach München und Berlin gegeben), ja aller Konzerte dieses Jahres, bleiben ihm in allen Details vollkommen in Erinnerung.
Ich betrachte die Fotografie und denke: Brahms, Bernstein und der treue Prof. Hetzel sind von uns gegangen, und wo ist die Musik, die sie gemacht haben? Noch immer klingt sie in meinen Ohren, wo ich auch Prof. Hetzels Frage und Mr. Bernsteins Antwort hören kann. Während das Wesen der Musik in ihrem vergänglichen Dasein liegen mag, könnte aus einer Fotografie die Lehre gezogen werden, die Erinnerungen verbänden uns miteinander.
Doch Erinnerungen sind so vergänglich wie Musik.

Charlie Harmon

28
29

Mit August Everding,
Prinzregententheater,
München, 1983

en verboten

Sie haben sich nie mit dem Status quo zufrieden gegeben. Ihre Leidenschaft ist die Phantasie. Die Phantasie schafft Ihre Leiden, aber erweckt auch Ihre Hoffnung, jene Hoffnung, jenes Prinzip Hoffnung, das Sie immer mitgerissen hat – und uns. Musik ist für Sie immer eine offene Frage, the «unanswered question». Ihre Antwort ist immer Ja. Der Mut zu diesem Positivismus, der kein billiger Zukunftsglaube ist, dieses Ja heute, wo man nur noch Nein sagen zu können glaubt, dieses Ja, das bei Ihnen zum Nein wird, wenn es das Ja bedroht: dieses Ja ist eine Antwort auf eine Frage und kein Statement. Es ist kein Tranquilizer und keine harmonisierende Brücke über einen Abgrund. Ihre zweite Symphonie beschreibt das Zeitalter der Angst. Ihre Hoffnung wohnt im Windschatten Ihrer Verzweiflung. Sie hoffen, daß in *Ihrer* Neunten aus dem Zeitalter der Angst ein Zeitalter des Friedens wird. Ihr Ja ist so mutig, weil es den Hohn der professionellen Neinsager erträgt, Ihnen ist die *Plattform* wichtig, selbst wenn sie als *zu platt* verwitzelt wird. Bei der Suche nach der Wahrheit, jenem – wie Hegel sagt – bacchanalischen Gelage ohne einen einzigen nüchternen Teilnehmer, bei dieser Suche muß man «trunken von Phantasie» sein. Sie sind mutig genug, Ihren Schülern und Zuhörern immer wieder zu sagen, daß Phantasie zu wenig ausrichtet, wenn Können fehlt. Sie sind ein Geysir – manchen zu heiß, manchen zu wenig eindämmbar und sind dann doch oft ein «Quiet Place». Aber Sie bekannten: «I'm always marching for something», und dieses auf dem Weg sein hat Sie jung erhalten und die Jungen angezogen.

August Everding

Auszug aus der Laudatio anläßlich der Verleihung des Ernst von Siemens Musikpreises 1987 an Leonard Bernstein

Mit August Everding im noch nicht wiedereröffneten Prinzregententheater, München, 1983.
Im Prinzregententheater dirigierte Bernstein 1948 sein erstes Konzert in München. Das 1900/1901 erbaute Theater wurde 1964 wegen Baufälligkeit geschlossen. Erst August Everding, seit 1982 Generalintendant der Bayerischen Staatstheater, gelang es, die Renovierungs- und Wiedereröffnungsbemühungen zu realisieren.
Das Haus wurde 1988 in der sogenannt «kleinen Lösung» wiedereröffnet. 1996 wurden die Baumaßnahmen zur «großen Lösung» beendet.

<
Wien, 1984

Hotel Sacher, Wien, 1983

Mit Domiziana Giordano, Loden Plankl, Wien, 1983

In Wien gingen wir einmal auf die Suche nach einer traditionellen österreichischen Jacke. Ich weiß gar nicht mehr, ob Lenny sie schließlich kaufte oder nicht, denn eigentlich war sie bloß ein Vorwand, um nicht über Musik nachdenken zu müssen, sondern spazieren und sich entspannen zu können. Tatsächlich legte er Wert auf elegante Kleidung und hatte einen sehr feinen Geschmack. Bei dieser Gelegenheit habe ich eines der wenigen Fotos gemacht, die ich von ihm habe. Ich trage es immer bei mir, egal wo ich hingehe, und ich denke mir, daß mein Herz inzwischen die Form von Lennys Gesicht angenommen haben muß.

Domiziana Giordano

Loden Plankl, Wien, 1983

Mit Thomas R. Seiler und Franco Amurri nach dem Besuch beim Loden Plankl, aufgenommen von Domiziana Giordano mit Thomas R. Seilers Kamera

Garderobe des Musikvereins, Wien, 1983

Mit Dietlinde Turban, Gerhart Hetzel und Lorin Maazel nach einem Konzert in der Garderobe des Musikvereins, Wien, 1984

Lieber Lenny-Maestro,
ganz vergaß ich Dir zu erzählen, daß ich drei Zypressen im Garten gepflanzt habe
für meine drei künstlerischen Mentoren: Böhm – Karajan – Bernstein.
Aber Deine ist die größte!
In ewiger Dankbarkeit für alles, was Du mich über die Musik hinaus gelehrt hast …

Deine Christa

Mit Gerhart Hetzel und Christa Ludwig

Es ging in unseren Gesprächen immer um das Besondere, um das Unverwechselbare, um das Nicht-«Mainstream» in der Musik – und so kamen bei L.B. von selbst, quasi unbewußt, uninszeniert, der Unabdingbarkeit der Natur um die Musik gewahr, Momente zustande wie dieser bei der 4. Mahler in Wien (das Foto zeigt unsere Gespräche darüber – wir kamen wie so oft mit L.B. auf die Bibel zu sprechen, auf enigmatische Zustände, auf kleine Wunder wie dieses):
Musikverein Sonntagsmatinée – Das milchige Mittagslicht durch das Glas der oberen Fensterreihe blitzt plötzlich auf in dem Moment, als der (Tölzer) Knabensopran auf der Orgelempore (vorher nicht zu sehen) aufsteht zum 4. Satz, ein laserhafter Sonnenstrahl umflort ihn, vom Orgelgold überhöht, und verlischt genau im drittletzten Takt mit der tiefen Harfenoktave auf E.
«Kein Musik ist ja nicht auf Erden, die unsrer verglichen kann werden.»
Inszeniert?, von wem?, wie?, woher?:
L.B. und seine Welt!

Christoph Eschenbach

Mit Christoph Eschenbach, Hotel Sacher, Wien, 1984

Bald einmal im Leben macht man die Feststellung, daß alle Menschen ersetzbar sind – mit Ausnahme eines Genies. Es hat nur eine kleine Zahl von Menschen in der Welt der Wissenschaft und der Politik gegeben, die ihrer großen Begabung, ihrer Entdeckungen und ihrer Beiträge zum Leben wegen wirklich unersetzlich schienen. Die meisten werden – um einen spitzen, witzigen Nachruf Alfred Polgars dem Sinne nach zu zitieren – durch die von ihnen hinterlassene Lücke voll und ganz ersetzt.
Merkwürdigerweise scheint nur das Böse, das manche Menschen zu Lebzeiten hervorgebracht haben, im Lauf der Geschichte wiederholt oder sogar übertroffen worden zu sein. Immun gegen das sind die Künstler im Lauf der Geschichte. In unserer modernen Zeit vielleicht noch ein paar überragende Erfinder und Wissenschaftler. Doch unter den Künstlern des 20. Jahrhunderts steht einer praktisch allein, ein totaler Mensch, der sogar Unvollkommenheiten zu anziehenden Eigenschaften machen konnte und der zu unser aller Leben einen bleibenden Beitrag leistete. Die Rede ist vom überragenden, modernen Musiker Bernstein. Die vielen Beiträge, die er als Komponist, Dirigent, Autor und Lehrer leistete, machten ihn zu einer Künstlergestalt

ersten Ranges, die über sich selbst hinauslebt und mit voller Kraft und Vitalität über den Tod hinauswirkt mit Hunderten vollkommenen Aufnahmen, idealen Interpretationen eigener Werke und des Erbes der Intelligenz und des menschlichen Mitgefühls.
Neben all den Werken, die er hervorbrachte, blieb bei ihm soviel Leben übrig wie bei keinem anderen genialen Menschen. Nie hat er zu leben aufgehört.

Robert Lantz

Musikverein, Wien, 1984

Bernstein «The Magic»

Unter Leonard Bernstein zu arbeiten, war jedesmal ein Erlebnis. In den Proben verlangte er von seinen Musikern alles. Aber auch er gab alles. Unkonzentriertheit oder Leistungsabfall waren Worte, die nicht existierten, und das wußte jeder. Das «Geheimnis» dieser absoluten Hingabe der Musiker in Proben und Konzerten lag darin, daß Bernstein ein Orchester nicht als Ansammlung von Untergebenen betrachtete, sondern jeden einzelnen als Kollegen ansah, mit dem er schöne Musik machen wollte. Er war nicht der Dompteur, der Pult-Maestro, er sah sich als «primus inter pares» und bekam dafür bedingungslose Liebe.
Ich erinnere mich an eine Probe – an einem Samstag, um 17 Uhr –, zu der Bernstein eine Stunde zu spät erschien. Nach intensivster Arbeit war er aber am offiziellen Ende der Probe mit dem Werk noch nicht «durch». So schlug er dem Orchester vor, eine kurze Pause zu machen und dann mit «open end» weiterzuspielen, bis alles erarbeitet war. Einverständnis bei allen! Niemand hätte auch nur im entferntesten an die versäumte Stunde gedacht!
Etwas ärgerlich wurde Bernstein in dieser Probe allerdings, als ein Übergang mit Tempoveränderung nicht und nimmer klappen wollte. Er konnte es einfach nicht verstehen, daß niemand auf ihn reagierte. So kam er auf die Idee, dem Orchester zu sagen: «Paßt mal auf, der Übergang ist nicht eine Frage des Dirigierens. Das Tempo ergibt sich von selbst, wenn Ihr nur aufeinander hört! Wir machen die Stelle jetzt *ohne* mich.» Er hörte auf zu dirigieren, überließ uns Musiker nur unserem Ohr, und es funktionierte! Ein Magier!

Friedemann Winklhofer

In der Garderobe des Herkulessaals, München, 1984

Bei Dreharbeiten im Brahms-Saal des Musikvereins, Wien, 1985

Am 31. Oktober 1985 wurde Rudolf Serkin mit dem Ehrenring der Wiener Philharmoniker ausgezeichnet.
Wir waren an diesem Tag im Brahms-Saal des Musikvereins zu Filmaufnahmen für eine Unitel Produktion. Zur Feierstunde ging Bernstein hinunter zur Preisverleihung, um seinem alten Freund zu gratulieren.

Mit Rudolf Serkin, Musikverein, Wien, 1985

Proben mit den
Wiener Philharmonikern,
Musikverein, Wien, 1985

Mein lieber, enger Freund und brillanter, humorvoller Mitarbeiter – Leonard. Beim Betrachten dieser ausgezeichneten Bilder erinnere ich mich daran, wie ich hinten bei den Bässen sitzend ihm bei einer Probe zuschaute und hörte, wie er etwas, das für mich beim ersten Hören schon perfekt klang, in etwas verwandelte, das zum Schluß transzendent war.

Betty Comden

Mit den Wiener Philharmonikern, Musikverein, Wien, 1985

Einen Monat nach Leonard Bernsteins Tod gab es in der Carnegie Hall ein Gedenkkonzert. Abgesehen von vielen der berühmtesten Sänger, Sprecher und Dirigenten der Welt stießen zum New York Philharmonic Orchestra an die fünfzig Leute hinzu, die großenteils auf eigene Kosten aus allen Ecken der Welt angereist waren. Außerdem stand noch der rund zweihundertköpfige Westminster Choir auf der Bühne.
Daß ich mit eingeladen wurde, gehört zu den größten Ehren, die mir je widerfahren sind. Ich sang «To What You Said» aus Bernsteins *Songfest*. Nachdem ich meinen Auszug gesungen hatte, ging ich hinaus und setzte mich in eine der Logen der Carnegie Hall. Wann die Entscheidung getroffen wurde, weiß ich nicht, aber dies ist, was das Publikum erlebte: Der Konzertmeister gab den Einsatz, und das Orchester spielte die Ouvertüre zu *Candide*. Zu sehen war das beleuchtete Dirigentenpult – doch ohne den Dirigenten. Im ganzen Haus blieb kein Auge trocken!

Chester Ludgin

Probe zu Auszügen aus Richard Wagners *Ring des Nibelungen*, Wiener Staatsoper, 1985

Parallel zu der konzertanten Aufführung der Schlußszenen der Opern aus Richard Wagners *Ring des Nibelungen* an der Wiener Staatsoper fand im Sigmund-Freud-Museum in der Berggasse 19 unter Leitung des Unitel-Regisseurs Horant Hohlfeld die Filmaufzeichnung eines Statements von Bernstein zu Richard Wagner statt. Bernstein war bei seinen Text- und Quellenstudien zu Wagner immer wieder auf dessen tiefenpsychologisch anmutende Probleme mit seinem Vaterbild gestoßen – Wagners Mutter hatte kurz nach seiner Geburt und dem Tod ihres ersten Mannes den hochintellektuellen jüdischen Schauspieler Richard Geyer geheiratet. In der sorgfältig formulierten Selbstanalyse suchte Bernstein auch die Frage zu ergründen, wie er als Jude eine so tiefe Bewunderung für die Musik dieses als antisemitisch verschrienen Komponisten empfinden könne.
«Please help me, Mr. Freud», doch Bernstein fand keine ihn befriedigende Antwort auf seine Fragen; die Aufzeichnung endete mit «to be continued» und blieb ein Fragment, das leider bislang noch nicht veröffentlicht wurde.

Vor dem Sigmund-Freud-Museum, Wien, 1985

SIGMUND FREUD-HAUS
In diesem Hause lebte und wirkte der Schöpfer der Psychoanalyse von 1891-1938
SIGMUND FREUD-GESELLSCHAFT
SIGMUND FREUD-MUSEUM
GARAGE
Einfahrt Tag und Nacht freihalten

Mit Marcel Prawy auf dem Weg ins Sigmund-Freud-Museum, Wien, 1985

Ich nannte ihn niemals «Lenny»

Als er mir auf dem Höhepunkt unserer intensiven Zusammenarbeit sagte: «Ich schätze an Dir, daß Du mich nicht ‹Lenny› nennst», da verstand ich, daß meiner grenzenlosen Bewunderung für das Genie meines «Maestro» ein Hauch von Freundschaft entgegenschlug. Er haßte diese Ankumpelei. Seit seinen frühen New Yorker Triumphen 1943 war ich sein Fan. Als ich an der Wiener Volksoper 1956 sein Musical *Wonderful Town* produzierte, war dies die erste kontinental-europäische Produktion eines theatralischen Werkes von Bernstein. Daraus entstand eine tiefe Beziehung, und seit damals hatten sämtliche seiner Bühnenwerke ihre kontinental-europäische Erstaufführung als meine Produktionen in Wien, auch die *West Side Story*, deren deutsche Fassung meine Übersetzung ist.
Bernsteins Geist umfaßte die gesamte Welt der Musik. Um drei Uhr früh im Jazz-Club sprach er am interessantesten über Beethoven, im Künstlerzimmer des Großen Musikvereinssaales über Jazz. Durch seine Fernsehsendungen lernten Millionen den Unterschied zwischen Dur und Moll. Er war einer der bedeutendsten Dirigenten der Geschichte. Seine Bücher enthalten tiefste philosophische Gedanken. Er war einer der populärsten Menschen der Welt und blieb doch ein großer Unbekannter – wie wenige kennen seine symphonischen Werke und seine Kammermusik!
Mit *West Side Story* hob er die Kunstgattung Musical zu nie wieder erreichten Höhen.
Nie ging man weg von ihm ohne einen Satz, an den man ewig dachte. Einmal sagte er mir: «Die ganze Welt ist *West Side Story*. Jeder haßt jeden und zwei lieben einander.»
Was immer er anrührte, machte er zu Gold. Er war König Midas der Musik.

Marcel Prawy

P.S. Wahre Bernstein-Fanatiker wie ich halten *Mass* für sein bedeutendstes Werk. Es wurde 1971 zur Eröffnung des Kennedy Centers in Washington geschrieben, später habe ich es oft in Europa produziert. Im Sommer 1972 produzierte der weltberühmte Impresario Sol Hurok *Mass* an der Met. Der Vorverkauf war elend. Während der Proben saß ich neben meinem deprimierten Freund Hurok, der mir leise ins Ohr flüsterte: «Prawy! Ich glaube, das Schreiben von Messen soll man den Gojim überlassen ...» Nach der Premiere wurde *Mass* an der Met zum Kassenschlager.

Vor dem Sigmund-Freud-Museum, Wien, 1985

Hier hat Tommy Seiler festgehalten, wie ich Anweisungen entgegennehme und auf Antworten warte – was ich sehr oft getan habe in all den Jahren, die ich mit Lenny unterwegs war.
Lenny war immer nachdenklich, meist rücksichtsvoll (nie rief er vor acht Uhr morgens oder nach Mitternacht an), neigte zu Assoziationen und hoch interessanten Abschweifungen und wollte manchmal die Fragen (und mich) los sein. War er ungehalten gewesen, entschuldigte er sich immer (oft ohne Grund), bevor er schlafen ging. Ich verdanke ihm die interessantesten Stunden meines Lebens.
Tommy Seiler war oft hier als gleichsam unsichtbarer Beobachter und hielt all diese Momente ernsthaften Spaßes fest, indem er Bilder aufnahm, ohne einem in den Weg zu kommen, und indem er darauf achtete, daß er selbst nicht zum Bestandteil des Bildes wurde. Dieses Buch ist eine wahre Sammlung der Freuden meines Lebens – und von Lennys Leben!

Harry Kraut

Mit Harry Kraut im Sigmund-Freud-Museum, Wien, 1985

Mit Horant Hohlfeld im Sigmund-Freud-Museum Wien, 1985

Es war unmöglich, von Leonard Bernsteins Menschlichkeit nicht überwältigt zu sein, und ich glaube, er war der einzige der ganz Großen seiner Zeit, der keine Feinde hatte, nur dankbare Freunde und Bewunderer. Bernstein liebte die Menschen, und diese Liebe kam millionenfach zurück. Unvergeßlich, weil so typisch, bleibt mir folgendes kleines Erlebnis: Bei einem seiner letzten Konzerte in Deutschland mußte ich kurzfristig für den Bildregisseur einspringen. Ich raste in das entfernte Waldsassen und traf dort Lenny, der mich etwas gereizt mit den Worten begrüßte: «Ich habe gehört, ab morgen bist Du mein Regisseur.» Worauf ich meinte: «Ja, Lenny, wenn Du nichts dagegen hast» und zur Antwort erhielt: «Ich habe ja keine andere Wahl.» Mein Kinn fiel herunter bis zum Knie. So hatte ich mir meinen Empfang als Retter nicht vorgestellt. Etwas gereizt ging ich an die Arbeit, am nächsten Tag sollte die erste Aufzeichnung von Mozarts C-Moll-Messe und anderen Werken beginnen. Ich saß im Übertragungswagen, startete die Aufnahmetechnik und sagte dem Aufnahmeleiter über Funk: «Bitte Auftritt Maestro!» Nichts geschah. Auf meine Frage, wo der Maestro bliebe, hörte ich, er schreibe einen Brief, und noch bevor ich irgendwelche unpassenden Bemerkungen machen konnte, etwa, daß dies vielleicht nicht der richtige Zeitpunkt sei, Korrespondenz zu erledigen, trat Bernstein auf und das Konzert begann. Plötzlich klopfte es an meiner Tür und mir wurde ein kleines Briefchen hereingereicht, auf dem ich las: «Dear Horant: Good luck! I love you. Lenny B.» Nach dem Konzert ging ich zu Lenny, um zu berichten, wie alles gelaufen war und bedankte mich für das Briefchen. Seine Antwort werde ich nie vergessen. «Ich hatte das Gefühl, daß ich Dich gestern verletzt habe, was nie meine Absicht war. Ich hatte gerade fünf Minuten vorher von dem Wechsel des Regisseurs erfahren und war ärgerlich über die schlechte Organisation und mangelnde Information, und heute hatte ich das Gefühl, bevor wir beide ein so großes Werk aufzeichnen, muß zwischen uns alles in Ordnung sein. Deshalb habe ich Dir diesen Brief geschrieben.» Unglaublich, daß es diesem großen Mann vor einem so schweren Konzert wichtig war, eventuelle zwischenmenschliche Spannungen zu glätten und wieder in Harmonie zu bringen.

Horant Hohlfeld

Im Hotel Sacher, Wien, 1984

Ich erinnere mich an eine typische «Lenny-Szene», die zeigt, wie wichtig Lenny der persönliche Kontakt zu den Musikern war und wie sehr ihn das Engagement Einzelner begeistern konnte:
Wien, Musikverein – Großer Saal, Fernsehaufzeichnung. Angesteckt vom Enthusiasmus und der Leidenschaft Bernsteins geriet der am ersten Cellopult sitzende Cellist Friedrich Dolezal derart in Rage, daß er, unglücklicherweise mit dem Frosch seines Bogens am Rand der Cellodecke hängenbleibend, im Schwung seiner Bewegung ein Stück Holz aus der Decke herausriß. Um Lenny zu zeigen, daß er nicht weiterspielen könne, hielt er ihm das herausgerissene Stück entgegen.
Lenny nahm es ihm sofort weg und steckte es in seine Brusttasche; partout wollte er dann das kostbare Holz, das für die Reparatur unersetzlich war, als Souvenir behalten. Erst nach langen Erklärungen und Bitten rückte er widerstrebend das Holz wieder heraus.
Soweit diese, uns damals alle sehr erfrischende Szene, eine meiner Erinnerungen an diesen einzigartigen und für mich unvergeßlichen Jahrhundertdirigenten.

Alfred Altenburger

Goldener Musikvereinssaal, Wien, 1984

On Stillness

Stillness is our most intense mode of action. It is in our moments of deep quiet that is born every idea, emotion, and drive which we eventually honor with the name of action. Our most emotionally active life is lived in our dreams, and our cells renew themselves most industriously in sleep. We reach highest in meditation, and farthest in prayer. In stillness every human being is great; he is free from the experience of hostility; he is a poet, and most like an angel.

Leonard Bernstein, 1976

Wien, 1985

Mit Krystian Zimerman, Hotel Bristol, Wien, 1986

Hotel Bristol, Wien, 1986

Mit Krystian Zimerman, Hotel Bristol, Wien, 1986

Acht Konzerte mit *Age of Anxiety* in New York. An einem Abend komme ich an, und Bernstein sitzt da, ist ganz erschlagen, total außer sich und sagt: «My friend, the tragedy, and he died, can you imagine.» Ich denke, mein Gott, ist jemand unter den Bus gekommen, oder was ist zum Teufel los? Dann frage ich, wer es war. «Ja, ein sehr guter Freund, ein phantastischer Mann, und einer der größten in diesem Jahrhundert.» Darauf ich: «Tut mir leid, kenne ich ihn?» Da sagt er: «Ja, es war J.F.K..»
Ich war verwirrt, aber Bernstein hat es total ernst gemeint. Dieser Abend war 20 Jahre nach dem Tod von John F. Kennedy und ich spürte, dieser Tag war für ihn wie gestern. Er hat sich ganz bewußt in diese Stimmung hineingesteigert, und – ich kannte ihn ja damals schon sehr lange, mein erstes Konzert mit ihm war 1976 – ich ahnte schon, was auf uns zukam. Wir gingen also aufs Podium hinaus und *Age of Anxiety* fing an. Mit langsamen Bewegungen und mit einem tragischen Ausdruck auf seinem Gesicht drehte er sich zum Orchester um und fing an: *tiie dahm, dah dah.* Ich merkte erschrocken – die Symphonie fing im halben Tempo an …

Krystian Zimerman

Mit Tochter Jamie, Hotel Bristol, Wien, 1986

Proben zu Bernsteins Oper *A Quiet Place*,
Wiener Staatsoper, 1986

1986 waren Lenny und ich mit einer Neuinszenierung von *A Quiet Place* an der Wiener Staatsoper befaßt, er als Dirigent, ich als Regisseur.
Zahlreich waren die Unannehmlichkeiten: Nach der Bombardierung Libyens durch die USA teilte die österreichische Sicherheitspolizei uns mit, für den Tag unserer Premiere sei ein terroristischer Anschlag gegen eine US-amerikanische Einrichtung in Wien angedroht worden. Es fand eine Ensemble-Versammlung statt, in deren Verlauf die Österreicher uns sagten, wie wir weniger amerikanisch wirken könnten. Am Premierenabend mitten im Dritten Akt ertönte hoch über der Bühne ein ohrenbetäubender Knall. Die vier Hauptdarsteller auf der Bühne machten nahtlos weiter, doch der Chor im Orchestergraben, lauter Amerikaner, sprang von den Klappstühlen auf. Wie sich herausstellte, waren über der Bühne zwei Beleuchtungsinstrumente explodiert.
Lenny war von den Komplexitäten seiner Partitur und den Schwierigkeiten, die das ORF-Orchester damit hatte, aufs Äußerste gefordert und fiel beim Betreten des Orchestergrabens mehrmals beinahe in Ohnmacht. Ich selbst arbeitete so hart, daß ich während der Proben tatsächlich die Stimme verlor und keinen Ton mehr hervorbrachte, was mehrere mitternächtliche Fahrten in eine klamme Klinik nötig machte, wo meine Kehle von nervösen Medizinstudenten grausigen Prozeduren unterworfen wurde.
Doch gab es auch Tröstliches: die Take-away-Abendessen aus dem Hotel Sacher, die auf Tischen mit Rädern zur staubigen Probenbühne gerollt wurden; die vielen Male, da der Vorhang aufging, damit unser amerikanisches Ensemble sich auf der Vorbühne dieses göttlichen Theaters verbeugen konnte. Die Tausenden und Abertausenden Stunden, die ich mit Lenny verbrachte – an Klavieren, Schreibtischen und bei Konzerten, als Gegenüber in Räumen, an Tischen und beim Durchreisen von Ländern, in Flugzeugen, in Swimmingpools, von Gelächter oder Erschöpfung übermannt, all dies im Lauf der jetzt so schmerzlich vermißten Freundschaft.
Zum Schluß der Spielzeit, in die zu viele Aufnahmen und Aufführungen gequetscht worden waren, wurden wir alle in einen großen Raum getrieben, wo uns Wiener Würstchen und Bier verabreicht wurden, während Marcel Prawy sich auf einen Tisch stellte und für Unterhaltung sorgte. Wir waren ganz, ganz müde und ganz, ganz stolz und ganz, ganz reif für die Heimreise.

Stephen Wadsworth

Stephen Wadsworth bei der Abschlußfeier zu *A Quiet Place*, Wien, 1986

Proben zu Bernsteins Oper *A Quiet Place*, Wiener Staatsoper, 1986

<
Hotel Vier Jahreszeiten, München, 1986

Lenny rief an: «How about a quick goodbye sip?!» Und schon saßen wir in seiner Suite im Münchener Hotel Vier Jahreszeiten am Frühstückstisch vor Tellern mit Resten und halbleeren Gläsern. Wir hatten ihm zum Abschied ein kleines Buch geschenkt. *New York 1932. Skizzen von George Gross*. Wir: Friedrich Meyer, Komponist, und mein «ständiger Begleiter» am Klavier und im Leben.
«Margot darf sich endlich Frau Meyer nennen!», schrieb die Presse am 21. Juli 1959.
«How many jazzy piano pieces have you written up to now, Frederic?», fragt Lenny, «I've a brilliant title for you: *Play Meyer – Forget Czerny*. Subtitle: *Exercises for Adult Beginners!* You could be the German Cole Porter with your kind of music, Meyer!»
«Wann seid Ihr in New York gewesen?», fragt er mich. «Im November 1959. Es war unsere Hochzeitsreise. Erinnerst Du Dich noch an Deine Abschiedsworte? Du hattest Friedrich erlaubt, bei allen Orchester-Proben in der Carnegie Hall dabei sein zu dürfen. In Deiner Box 62. Dort saß er nun jeden Tag. Als ich dann am 24. Dezember in Dein Büro kam, um Dir zu danken und mich zu verabschieden, sagtest Du: «Next time you come to New York tell Frederic, er soll seine Zahnbürste und seinen Pyjama mit in die Carnegie Hall bringen, sein Bett laß ich ihm in Box 62 aufstellen!»

Margot Hielscher

Mit Margot Hielscher und deren Ehemann Friedrich Meyer,
Hotel Vier Jahreszeiten, München, 1986

München, Juni 1986
«At four o'clock in the morning.» Die Party am Pool im Hotel Vier Jahreszeiten ging zu Ende. «Du bleibst noch!», befahl Leonard Bernstein. «Wir singen jetzt *Embraceable You* zum Abschied!»

München, 9. Mai 1948
Leonard Bernstein dirigierte das Bayerische Staatsorchester. Nach dem Konzert gab der amerikanische Film-Offizier Colonel Rogers in der «Villa» auf dem Bavaria-Studiogelände einen Empfang zu Ehren des Maestro.
Lenny setzte sich an den Flügel und spielte. Maurice Ravel, dann George Gershwin. *Embraceable You*, das kannte ich und sang mit. Der Maestro schaute mich an und sagte: «I've never thought that a pretty ‹Nazi-Girl› would know this song!»
Es war spät geworden. Bernstein übernachtete in der Villa. Ich wohnte in Rottach am Tegernsee, doch der Gastgeber ließ mich nicht heimfahren. Er bot mir die Dachstube im Haus an. Als ich mich auf der knarrenden Treppe emporschlich, öffnete der Maestro seine Tür: «Please, wait a moment. There's something I want to know about you!»
Und ich erzählte ihm von meiner Tournee 1945/46 mit einer amerikanischen Army-Jazzband durch Österreich und Westdeutschland. Und auch, daß ich schon 1935 in Berlin amerikanische Platten kaufen konnte. Meine liebste Schellack war *Girl Crazy*, das Musical von George Gershwin mit dem Song *Embraceable You*.
Mit dieser «musikalischen Umarmung» begann unsere wunderbare Freundschaft.

Margot Hielscher

Mit Margot Hielscher nach einer Swimmingpool-Party,
Hotel Vier Jahreszeiten, München, 1986

Mit Harry Kraut in der Garderobe des Musikvereins, Wien, 1986

Mit Gräfin zu Reventlow, Gut Wulfshagen, Schleswig Holstein, 1987.
Hier wohnte Leonard Bernstein während
der Schleswig-Holstein-Festivals 1987–1989.

Schleswig Holstein. 1987

Mit Craig Urquhart in Wulfshagen, Schleswig Holstein, 1987

Unterwegs mit Lenny

Es war im März 1986. Seit ein paar Monaten arbeitete ich in New York mit dem legendären Leonard Bernstein, doch nun war es Zeit zu reisen. Als erstes mußte ich eine Reise nach Wien vorbereiten, wo Bernstein an der Staatsoper seine Oper *A Quiet Place* dirigieren sollte. Ich traf mich mit meinem Vorgänger, und wir gingen die Liste der Dinge durch, die nach Wien transportiert werden sollten. Ich verwende das Wort «transportieren», da ich keine Ahnung gehabt hatte, daß wir mit der in rund fünfzehn Kisten verpackten gesamten Einrichtung von Bernsteins großer Wohnung im Dakota-Gebäude reisen würden. Mag sein, daß ich übertreibe, aber bestimmt nicht sehr!
Ich lernte sehr rasch, daß Mr. Bernstein das Bedürfnis hatte, überall, wo er hinkam, das Gefühl eines Zuhauses zu schaffen. So nahm er jeweils eine kleine Bibliothek seiner geliebten Bücher mit: Fremdsprachenwörterbücher, *The Oxford Book of Poetry*, die gesammelten Werke William Shakespeares, *Alice im Wunderland*, seine mit Edelsteinen verzierte Thora, die Bibel, Kreuzworträtselbücher, ungelesene Zeitschriften, Romane, Sachbücher, Biografien und einen Koffer voller Partituren, Notenpapier, Bleistiften, Radiergummis und so weiter. Vielleicht das Wichtigste waren die Fotografien seiner Familie und seiner Freunde: Sie wurden in jeder von ihm benutzten Hotel-Suite liebevoll arrangiert. Bernstein nahm immer genau dieselbe Suite in Wien, Berlin, Rom, Tel Aviv, Jerusalem, London, Paris oder Tokio. Jedes dieser Hotels hatte in seinen Akten genauestens notiert, wie der Raum arrangiert sein mußte, «damit Lenny sich daheim fühlte». Der Flügel, der Eßtisch, die Sofas, die Stühle und sein Schreibtisch – sie alle hatten ihren ganz besonderen Platz. Wohin er auch ging, dieses Gefühl des Daheimseins, der Familie, war ihm wichtig.
New Yorker, sogar jene, die wie ich aus dem Mittleren Westen hierhin umgetopft wurden, neigen zur Ansicht, Bernstein sei ein fester Bestandteil New Yorks gewesen. Das gab uns das Gefühl, etwas Besonderes zu sein. Bald schon machte ich jedoch die Feststellung, daß wir New Yorker damit nicht allein waren. Auf der ersten Wienreise erfuhr ich, daß auch die Wiener das Gefühl hatten, der große Bernstein gehöre ihnen. Und was für Wien galt, galt genauso für Tel Aviv, Rom, London, Tokio, Berlin, Paris, München, Amsterdam oder wohin auch immer wir kamen. Er wurde von Staatsoberhäuptern, Botschaftern, Bürgermeistern, Priestern, Rabbinern, ja sogar Mitgliedern der Königshäuser begrüßt und geehrt, und viele davon wurden echte, treue Freunde, mit denen er diskutierte und viele lange Abende verbrachte. Sie alle glaubten, er gehöre ihnen!
Nach jedem Konzert zog er einen Morgenmantel über seine Dirigentenhose, und während er aus einem Silberbecher (von denen er viele verschenkte) seinen Lieblingsscotch trank und Zigaretten rauchte, verbrachte er einige Zeit – manchmal Stunden – damit, Autogramme zu geben und Freunde und Fans zu empfangen.
Die Liebe, die er gab, kam zurück in Form der Liebe dieser teuren Freunde und Fans.
Doch egal wie groß diese Familie war, sein Herz war nie fern von seiner nächsten Familie: Am Sabbat rief er immer seine Mutter Jennie an, egal, wo er sich gerade befand. Immer sehnte er sich danach, daheim bei seiner Familie zu sein, am Tisch in der Bibliothek der Wohnung im Dakota-Komplex oder im Landhaus in Fairfield, Connecticut, zu sitzen und im Kreise seiner Lieben Drinks zu nehmen und Buchstabenspiele zu machen.
Unterwegs mit Lenny lernte ich, wieviel wir ihm für das zu danken haben, was er empfand und mit so vielen teilte: daß die Menschheit eine einzige Familie ist; und dafür, daß die Welt, in der wir leben, dank Leonard Bernstein wirklich lebenswerter wurde.

Craig Urquhart

Mit Craig Urquhart in der Garderobe des Konzertsaals in Lübeck, 1987

DURSTINA-BRU
0,33 Liter

An Bernsteins
69. Geburtstag,
Salzburg, 1987

Paris, 1987

Paris, 1987

Ich halte Leonard gern für meinen vertrautesten Freund – also gut, ich bestehe darauf: Er *war* mein vertrautester Freund und in vieler Hinsicht mein liebster.
Ich lernte ihn 1937 kennen, als ich Anfang zwanzig und ein ungesund dickes, arbeitsloses Produkt der Wirtschaftsdepression war; Leonard, damals 18, war musikalischer Leiter von Camp Onota, einem Ferienlager für Jungen in Pittsfield, Massachusetts.
Dank der Freundlichkeit eines Kameraden, Robert Weil, der im selben Lager für den Bereich Schauspiel zuständig war, wurde ich eingeladen, am großen Sommerfestival des Lagers zwei Wochen lang als der Piratenkönig in *The Pirates of Penzance* aufzutreten, was mein erster Bühnenauftritt war – weit weit weit abseits des Broadway.

Robert hatte mir brieflich mitgeteilt, ich würde im jungen Bernstein einen bemerkenswerten Musiker mit ans Wunderbare grenzenden Fähigkeiten kennenlernen. Nette Eltern nahmen mich von New York gratis mit, und so traf ich gegen 22 Uhr im Camp Onota ein. Wir hielten vor dem Gemeinschaftssaal, wo ich gleich auch schon den jungen Leonard kennenlernte, der auf den ersten Blick nicht älter als zwölf zu sein schien. «Du bist also Adolph Green, der so viel von Musik versteht», sagte er sofort. «Nun, ich – ich ...» antwortete ich. Er schleppte mich hinein und setzte mich neben das Klavier. Ich war höchst verlegen. Offenbar hatte mein Freund Robert Leonard verkündet, wie viel ich von Musik verstehe, und mir das gleiche von Leonard erzählt – mit dem Ergebnis, daß Leonard und ich einander für ab-

Mit Adolph Green und François Valéry, Hôtel de Crillon, Paris, 1988

solute Hochstapler hielten. «So viel versteh ich gar nicht von Musik», murmelte ich: «Ich liebe Musik, doch ich kann keine einzige Note lesen.» «Ich spiele dir ein kurzes Stück von Schostakowitsch vor, eine Art Tanz», sagte er, «dann sehen wir, ob du es kennst.» Während er ein rhythmisches, eher dissonantes kurzes Stück spielte, saß ich unsicher da und versuchte verzweifelt, es zu identifizieren, doch ohne Erfolg. Nachdem er fertig war, sagte Leonard: «Du kennst das Stück bestimmt bestens.» Den Bruchteil einer Sekunde fragte ich mich, ob ich lügen und Ja sagen sollte, doch rasch obsiegte meine Ehrlichkeit, und ich murmelte aller Peinlichkeit zum Trotz: «Mensch, nein, ich habe es noch nie gehört.» Kaum hatte ich es gesagt, sprang Leonard von seinem Klavierhocker auf, umarmte mich heftig und verpaßte mir mindestens ein Dutzend Küsse. «Es war eine Improvisation. Du bist dieses Jahr der erste, der mich spielen gehört hat, ohne zu behaupten, er kenne das Stück in- und auswendig.»

Wir verbrachten den Rest der Nacht damit, auf dem Lagergelände herumzuspazieren und unser musikalisches Repertoire von Bach bis Bartok zu singen und zu schreien. Ich begriff rasch, daß der junge Leonard ein außerordentlich begabter Musiker, Komponist und Interpret aller Arten von Musik – U- wie E-Musik – war, und obschon ich keinerlei Autorität hatte, ihn als solchen zu proklamieren, wußte ich, daß er sich als musikalischer Gigant erweisen würde.

Adolph Green

<
Louvre, Paris, 1989

Galerie Richelieu, Louvre, Paris, 1989

Paris, 16. Juli 1989.

Abends dirigierte Bernstein *Roméo et Juliette* von Berlioz bei einem der Konzerte zur Eröffnung der Bastilleoper im Rahmen der Feierlichkeiten des 200. Jahrestages der Französischen Revolution. Tagsüber besuchten wir den Louvre und durften in die – erst später der Öffentlichkeit zugängliche – Galerie Richelieu, in der bis kurz zuvor das Finanzministerium untergebracht war. Gegen Ende unseres Besuches, kurz bevor ich die Bilder auf dieser und der nächsten Doppelseite aufnahm, kam uns, aufgeregt das Treppenhaus der Galerie Richelieu hinaufstürzend, ein Bote entgegen, um Bernstein mitzuteilen, daß Maestro Herbert von Karajan an diesem Tag in Anif bei Salzburg verstorben sei.

Vor Beginn des Konzerts am selben Abend hat Bernstein das Publikum über den Tod seines großen Kollegen informiert – für alle kam die Nachricht völlig überraschend.

Galerie Richelieu, Louvre, Paris, 1989

>

Rue de Rivoli, Paris, 1989

<
In der Rue Royale, auf dem Weg vom Louvre
zum Hôtel de Crillon, Paris, 1989

Lenny war nicht nur eine inspirierende Figur für ausgereifte, hervorragende Musiker, sondern auch eine lebenswichtige Kraft für junge angehende Komponisten und Musiker. Er war für die Musik des 20. Jahrhunderts von entscheidender Bedeutung, und ich bin froh, mit ihm gearbeitet zu haben, auch wenn es leider nur für einen einzigen Film war.

Stanley Donen

Hôtel de Crillon, Paris, 1989

Hôtel de Crillon, Paris, 1989

Eines schönen Sommerabends 1946 brach Leonard Bernstein in mein Leben ein, als er Nadia Boulanger begleitete, die bei meiner Mutter in der Pariser Rue Villejust (heute Rue Paul Valéry) zum Abendessen eingeladen war.
Ich wußte nicht, daß er kommen würde, und hatte keine Ahnung, wer er war. Doch sofort fiel mir seine Präsenz auf, die Gabe der Sympathie, die seine Person verströmte, und die Intensität eines Blicks, der gleichzeitig Intelligenz, Humor und eine gewisse melancholisch gefärbte Sanftheit verriet.
Ohne sich mit Vorstellungsritualen aufzuhalten, ja ohne einen Blick auf die impressionistischen Gemälde an den Wänden zu werfen, schleppte er mich, kaum hatte er den Salon betreten, zum Erard-Stutzflügel, der etwas bejahrt war und ähnlich wie ein Hammerklavier klang. Doch kaum hatte er die Tasten des nicht sonderlich rein gestimmten Instruments berührt, schloß er den Deckel wieder und wollte aufstehen. Da sagte ich ihm, daß auf diesem leicht vergilbten Klavier schon Debussy, Ravel, Darius Milhaud und André Gide (vierhändig mit meiner Mutter) gespielt hatten. Er rief «Oh, my God!» und begann den ersten Satz von Bachs fünftem Brandenburgischen Konzert, indem er aus dem Gedächtnis mit großartiger Musikalität eine Art Klavierauszug davon spielte.
Als er fertig war, ging meine Mutter (die ebenso wie Nadia einst eine Schülerin von Raoul Pugno gewesen war) zu ihm und sagte: «Das verstehe ich unter Musik.» Sofort schlang Bernstein seine Arme um die Schultern dieser schon älteren Frau und drückte ihr einen Augenblick lang mit einer gewissen Ehrfurcht die Lippen auf die Wange.
Seltsamerweise haben wir uns nach dieser Begegnung trotz der Freundschaft, die zwischen uns entstanden war, relativ selten und meist zufällig aufgrund unserer so verschiedenen Berufe – er wegen seiner Konzerte, ich meist wegen internationaler Kongresse – in London, New York, Den Haag, Monaco, Salzburg und Paris getroffen, wo wir uns so oft wie möglich zu sehen bemühten.
Und dann ein letztes Mal ... Wir waren allein auf der Terrasse des Crillon, und plötzlich machte er eine Bemerkung, die ich nie vergessen habe: «Ich glaube, es gibt da etwas ganz Besonderes zwischen dir und mir. Ich weiß nicht, warum ...»
Ich antwortete: «Es geht mir genau gleich. Vielleicht gerade weil unsere Wege so verschieden sind ...
Ich weiß auf jeden Fall, daß es immer so sein wird.»
Und das war das letzte Mal!

François Valéry

Mit François Valéry, Hôtel de Crillon, Paris, 1989

Leonard Bernstein: Was war er für mich? Er war ein Leuchtturm. Ein Leuchtturm der Musik, der Literatur, der Philosophie, der Sprachen, der Menschlichkeit, der Religion und der Politik. Ich war nicht immer gleicher Meinung, doch das war unwichtig. Wichtig war, daß ich dank ihm meine eigenen Ansichten besser verstand.
Vor neun Jahren ist er gestorben. Für mich ist er noch immer da. Nicht mehr als Leuchtturm (obschon er nach wie vor meine Gedanken erhellt, wenn ich seine Bücher, Vorlesungen und Briefe lese), sondern als Stern. Als einer jener Sterne, deren Licht, lange nachdem sie nicht mehr existieren, unseren Planeten noch immer erreichen.

Peter Weiser

Mit Peter Weiser und Michael Tilson Thomas, Hôtel de Crillon, Paris, 1989

Leonard Bernstein war ein inspirierender Mentor und Freund für ganze Generationen von Musikern. Kompromißlos in seinen Ansprüchen, geduldig und großzügig mit seiner Zeit und seiner Aufmerksamkeit, schuf er eine weltweite musikalische Familie, die immer mit Begeisterung zusammenkam. Ob in Wien, Paris, Sapporo, San Francisco oder Tel Aviv, immer war da dieses Gefühl der Heimkehr und der Dankbarkeit dafür, zusammenzusein und mit äußerster Hingabe und dem Gefühl, etwas Sinnvolles zu tun, Musik machen zu können. Er fehlt uns.

Michael Tilson Thomas

Mit Judith Pisar vor dem Hôtel de Crillon, Paris, 1989

Lennys Polonaise

1989 lud Lenny meinen Mann ein, in Polen am internationalen Konzert zum 50. Jahrestag des Ausbruchs des Zweiten Weltkriegs teilzunehmen. Ein paar Tage vor dem Ereignis, das am 1. September stattfinden sollte, trafen wir in Warschau ein: Lenny, Lukas Foss, Nela Rubinstein, Harry Kraut, Barbara Hendricks, Michael Barrett, Humphrey Burton, Hermann Prey, Liv Ullmann, Samuel Pisar und ich.
Nach unserem ersten Abendessen, das mit beträchtlichen Mengen polnischen Wodkas hinuntergespült worden war, pirschte sich Lenny an den riesigen, weißlackierten Flügel in der Mitte des Hotelrestaurants heran. Ein aufgebrachter Oberkellner gebot ihm Einhalt mit den Worten: «Der Barpianist regt sich sehr auf, wenn jemand sein Klavier berührt.» Dies verschlug sogar Lenny die Sprache. Daraufhin legte sich Nela Rubinstein, die als Arthurs Witwe in Polen bekannt war, mit Vehemenz ins Zeug: «Wissen Sie eigentlich, wer das ist?» Nach einem heftigen Wortwechsel auf polnisch gab der arme Mann schließlich nach, und los ging es mit einer guten Stunde Chopin. Noch nie zuvor hatte dieser gesetzte Speisesaal so etwas zu sehen oder zu hören bekommen.
Am nächsten Abend strebten wir alle in der Erwartung einer Zugabe dem Speisesaal entgegen… Doch diesmal ließ der Oberkellner uns nicht einmal hinein: Sein Barpianist hatte einen Anfall gehabt und darauf beharrt, sein Flügel sei von einer Gruppe lauter Amerikaner verstimmt worden.

Judith Pisar

Mit Harry Kraut und Judith Pisar,
Hôtel de Crillon, Paris, 1989

München, April 1990, nach Bernsteins letztem Auftritt mit dem Symphonieorchester des Bayrischen Rundfunks. Unsere Gedanken waren wie das Wetter: naßkalt. Keiner von uns wußte, was es mit seiner hartnäckigen «Grippe» auf sich hatte:
Die Litanei hypochondrischer Beschwerden, der Raucherhusten und das asthmatische Keuchen waren unangenehme, doch vertraute Leitmotive im täglichen Leben mit dem Maestro. Und in verschiedenem Grad waren wir alle erkältet in jener Woche der Mozart-Messen: je höher die Stimmlage, desto schlimmer. Dennoch hatten viele etwas Neues und Beunruhigendes festgestellt: Im Verlauf der Proben hin zum Konzert verlor Bernstein an Energie und Lust, während diese sich üblicherweise im gleichen Zeitraum gesteigert hatten. Plötzlich konnte L.B. einen Raum betreten, ohne bemerkt zu werden. Der Tanz auf dem Podium wurde zu einem fesselnden Kampf; abseits des Podiums begann der Tänzer zu schlurfen.
Vielleicht hofften wir, die da waren, um uns seiner anzunehmen, unser Wille könnte sich so ansteckend auswirken wie das Wetter. Wir wollten verzweifelt, daß er weitermachte: Das Leben mit L.B. machte einfach zu großen Spaß. Wie hätte ein Schüler versagen können, nachdem er von Bernstein mit einem Klaps auf die Schulter und einem Tritt in den Hintern auf die Bühne geschickt worden war? Welche

Mit Gräfin zu Reventlow in der Garderobe des Herkulessaals nach Bernsteins letztem Konzert in Deutschland, München, 1990

Ovation hätte es je mit der Umarmung aufnehmen können, die einen erwartete, wenn man von der Bühne kam? Wer hätte nicht mit Freuden darauf verzichtet, schlafen zu gehen, wenn er einem vorschlug «Bring mir alles bei, was *du* über das Stück weißt, und dann bringe ich dir alles bei, was *ich* über das Stück weiß» oder wenn er einen aufforderte, mit ihm über Gott und die Welt zu diskutieren und dann vielleicht ein paar Tage später sagte: «Also eines, was du gesagt hast, war intelligent ...» Man lebte dafür! Das Leben mit L.B. war andauernd wie jener Moment im Film *The Wizard of Oz*, als wir vom Wirbelsturm nach dem anfänglichen Grau in Grau in einer Welt der Farben, der Magie und der kühnen Ballone abgesetzt werden. Nachdem unser Zauberer Oz gegangen war, erwachten wir in einer Landschaft öden Graus in Grau.

Mark Stringer

Leonard Bernstein
verläßt mit Mark Stringer
den Herkulessaal,
München, 1990

Meine Bekanntschaft mit Leonard Bernstein begann im Sommer 1985, nach einem Konzert des European Community Youth Orchestra in der Wiener Staatsoper, bei dem mein Sohn Alvaro Palmen als Violinist spielte. Wie so oft nach einem Konzert lud Lenny einige Leute zu sich ins Hotel Sacher ein, und wie hätte es anders sein können, es wurde viel musiziert. Ich hatte das große Vergnügen, unter Lennys Begleitung Ausschnitte aus Puccinis *La Bohème* zu singen. So geschah es immer wieder – nach Konzerten in Bonn, Wien, München, Berlin und Diessen am Ammersee –, daß wir uns gemeinsam mit Freunden trafen, uns angeregt unterhielten und gemeinsam musizierten.
Ostern 1990 hatte ich mit meinen Söhnen Bernsteins Aufführung der *C-Moll-Messe* von Mozart mit dem Symphonieorchester des Bayrischen Rundfunks besucht. Danach ging es hinauf in die Suite von Maestro Lenny. Die Bilder hier stellen genau dieses fröhliche Treffen im Münchener Hotel Vier Jahreszeiten dar. Wir sangen gemeinsam Ausschnitte aus Bizets *Carmen* sowie ein paar französische und deutsche Lieder. Abgesehen von unserem telefonischen Kontakt bis zum Sommer 1990 war dies leider unsere letzte persönliche Begegnung einige Monate vor seinem Tod.

Lia Montoya-Palmen

Mit Lia Montoya-Palmen, Hotel Vier Jahreszeiten, München, 1990

<
Hotel Vier Jahreszeiten, München, 1990

Mehr als dreißig Jahre lang war Leonard Bernstein ein ganz besonderer Freund – der ältere Bruder, den ich nie gehabt hatte, der Lieblingscousin, den ich mir immer gewünscht hätte –, ein ganz besonderer Freund, der zufällig auch noch ein Genie war.
Die Fotos in diesem Buch bringen so viele Erinnerungen an diesen Mann zurück, der den amerikanischen Künstlern zu Ehre und einem Ziel verhalf.
Die Dänen haben einen wunderbaren Ausdruck: «Wer in den Herzen jener lebt, die er zurückläßt, stirbt nicht ...»
Nie könnte Leonard Bernstein sterben – dafür lebt er in zu vielen Herzen.

Schuyler Chapin

Hotel Vier Jahreszeiten, München, 1990

Thomas R. Seilers letzte Aufnahmen von Leonard Bernstein

These photographs bring back so many memories of special loving moments that are part of a private legacy of long friendship. All these photos are Lenny, and, once again, as if it were needed, they remind us of that which we have no more.

Isaac Stern

Hôtel de Crillon, Paris, 1989

Lenny, Lenny Bernstein.
Manche nannten ihn Lenny, andere Leonardo ... Was ist ein Name? Was uns Rose heißt, wie es auch hieße, würde lieblich duften ... (Shakespeare).
Doch da ist die Crux, die Nuß, der Kern jenes Mikrokosmos, der Leonard Bernstein war, der Mann, die Legende, der Künstler, der Intellekt – dieser unergründliche, unerschöpfliche Vorrat an Wissen, Erinnerungen – eine lebende Enzyklopädie weltlicher und persönlicher Erfahrungen. Der kapitale Akkumulator und Verteiler von Energie, wo immer und für was immer sie nötig war.
Wir alle fühlten uns irgendwie als seine Söhne, Töchter, Väter, Mütter, Brüder und Schwestern – es war wie eine gemeinsame Lebensquelle, die uns zu jeder Zeit und Gelegenheit Sicherheit und noch einmal Sicherheit gab.
Eine Quelle, eine Kontinuität. Deshalb ist das Bild dieses «Liebe zum Leben»-Mannes, das durch Musik oder einfach nur menschliche Beziehungen umgesetzt wurde und seinen Ausdruck fand, jetzt da, auch wenn er – Lenny, Leonardo – nicht als Fleisch und Blut und Knochen da ist.
Irgendwie ist er in uns drin.
Ich danke Dir dafür, daß Du diese vielfältige, kaleidoskopische Person, warm, echt, extravagant und einfach, gewesen bist und noch immer bist.
So wie nur Du, Lenny, sein konntest.

Ivry Gitlis

Mit Ivry Gitlis, Flughafen Le Bourget, Paris, 1989

Wenige Wochen vor Lennys Tod saßen wir bei einem sehr späten Frühstück. Er war in nachdenklicher Stimmung, und ich fragte ihn, wo er mit seinen Gedanken sei. «Ich verfasse gerade meine Grabrede», erklärte er: «Dahingerafft in der Blüte seiner Jugend ...» «Starker Einstieg», sagte ich: «Und wie geht es weiter?» «Ha, das ist deine Sache.»

Nun denn ...

Lenny, Felicia und ich hatten eine mehr als vierzig Jahre währende verrückte, «vertummelte», verworrene Beziehung – falls dies das richtige Wort ist. Manchmal war sie ausgesprochen liebevoll ... Ich erinnere mich an die Premiere von *West Side Story*. Lenny kam den Gang entlang, bückte sich und flüsterte mir zu: «Ich habe eine Phrase aus dem zweiten Satz von Beethovens fünftem Klavierkonzert gestohlen.» Nach der Vorstellung ging ich hinter die Bühne und fragte: «Und was ist mit der Melodie aus *Götterdämmerung* zum Schluß?» «Oh», sagte er, «ich wußte, daß du die erkennen würdest ...»

Doch lassen wir die Anekdoten und Witze, wovon ich Ihnen wirklich erzählen möchte, sind Lennys letzte Tage.

Kaum hatten die üblen Beschwerden letzten April begonnen, wollte Lenny auf keinen Fall seine Familie und seine Freunde mit seiner Krankheit belasten. Wie viele Male haben wir alle gehört, daß er uns bat, ihm dabei zu helfen, selbst zu gehen ... «ohne schöpferische Energie hat es keinen Sinn, weiterzumachen ... Dieses Leben hat keine Würde, keine Form.» Fragte man ihn, was er wolle: «Ich möchte einen sauberen Abgang.» Was kann ich dir besorgen, Lenny? «Gib mir meinen Atem zurück.»

Doch allen Schmerzen zum Trotz, und sie waren groß, verlor er nie seine Intelligenz oder seinen quecksilbrigen Witz. Als Michael Tilson Thomas ihm zu Füßen sitzend sagte: «Lenny, ich habe dich sehr lieb», feuerte er zurück: «Einen prima Moment hast du gewählt, um mir das zu sagen.»

Nie verlor er seine Leidenschaft für jüdische Gelehrsamkeit. Eines Abends las ihm Shirley das Vorwort zu *The Book of J* (Anm. d. Lekt.: Harald Blooms Buch über den Pentateuch) vor, und am folgenden Nachmittag sagte er mir beiläufig: «Es ist wohl Zeit, daß wir es mal noch mit dem anderen versuchen.» «Womit?» «Dem Buch Hiob natürlich.» Oy. Nach fünf Kapiteln davon gebot er mir Einhalt: «Genug davon.»

Sogar nach seinem Tod liebte sein Publikum ihn so heftig wie zuvor. Bei einer Baustelle in Brooklyn wurde der Begräbniszug samt Polizeieskorte verlangsamt; und die Arbeiter mit ihren Schutzhelmen winkten: «Bye Lenny, goodbye Lenny.»

Lauren Bacall, Michael Wager, Herolyn Blackwell, Betty Comden, Adolph Green, Jamie Bernstein, Nina Bernstein, Alexander Bernstein, Schuyler Chapin, Isaac Stern (v. l. n. r.) anläßlich der Benefizveranstaltung am Vorabend der Auktion des Nachlasses von Leonard Bernstein, Sotheby's, New York, 1997

Wie jeder weiß, war Lenny, wenn er gut war, ganz ganz unglaublich; und wenn er schlecht war, ebenfalls ganz ganz unglaublich. In der Samstagnacht vor seinem Tod hatten wir tatsächlich einen Streit. Als ich ihm ins Bett half, spürte ich in seiner Pyjamatasche ein zerknittertes Päckchen Zigaretten. «Rühr die nicht an, du Scheißkerl.» «Wenn ich ein Scheißkerl bin, was bist dann du, Lenny?» «Ein Dummkopf», sagte er. «Was willst du lieber sein?» fragte ich. «Ein Dummkopf», wiederholte er. Doch dann lenkte er ein und gab mir das Päckchen, warnte mich aber: «Untersteh dich, sie zu verstecken. Ich will mir nicht wie ein Gefangener im eigenen Haus vorkommen.»
«Offenbar sähest du dadurch deine Autonomie gefährdet, Lenny.» «Allerdings.» «Lenny, was genau ist Autonomie?» Da explodierte er: «Das ist nicht der Moment für philosophische Diskussionen.»
War es auch nicht. Die Nacht wurde sehr schlimm, und einmal rief er: «O Gott, segne mich mit Bewußtlosigkeit.» Am Sonntagmorgen war er nachdenklicher gestimmt. «Sollte ich diese Woche sterben, was hat es gebracht, mein Leben? Hat es irgendeinen Sinn gehabt? Habe ich Menschen glücklicher gemacht?»
An diesem Abend halfen Sean Cahill, der Sohn seines Arztes und ich ihm vom Bett zu seinem Sessel. Er stützte sich schwer auf uns, richtete sich dann einen Augenblick lang auf, sagte: «Was ist das?» und sank in unsere Arme. Das war es ... Er war tot ... Es war so plötzlich ... So unerwartet ... «Was ist das?» Ich glaube, man kann in diese Worte hineinlesen, was man will. Was ist das – sein Ende war das. Das Ende einer Ära und das Ende meines liebsten Freundes. Ich werde ihn jeden Tag meines Lebens vermissen.

Michael Wager

Ausschnitte aus der Grabrede, die Michael Wager bei Bernsteins Begräbnis im Dakota-Komplex und später im Majestic Theater hielt.

PROPERTY FROM THE ESTAT OF
LEONARD BERNST IN
AUCTION: DECEMB 10–1

Ankündigung der Versteigerung
Property from the Estate of Leonard Bernstein
bei Sotheby's, New York, 1997

Leonard Bernstein:
25. August 1918 – 14. Oktober 1990

Leonard Bernstein wurde in Lawrence, Massachusetts, geboren. Als Junge erhielt er Klavierunterricht und besuchte die Garrison und die Boston Latin School. An der Harvard University studierte er unter anderen bei Walter Piston, Edward Burlingame-Hill und A. Tillman Merritt. Vor seinem Abschluß 1939 hatte er sein inoffizielles Debüt als Dirigent der von ihm komponierten Begleitmusik zu Aristophanes' *Die Vögel*, und er dirigierte und spielte in Marc Blitsteins *The Cradle Will Rock*. Anschließend studierte er am Curtis Institute of Music in Philadelphia Klavier bei Isabella Vengerova, Dirigieren bei Fritz Reiner und Orchestrierung bei Randall Thompson.
1940 studierte er in Tanglewood, dem neu geschaffenen Sommerinstitut des Boston Symphony Orchestra, beim Dirigenten des Orchesters, Serge Koussevitzky. Später wurde Bernstein Koussevitzkys Assistent.
Seinen ersten festen Posten als Dirigent erhielt Bernstein 1943 als Assistant Conductor des New York Philharmonic. Am 14. November 1943 sprang Bernstein innerhalb weniger Stunden für den erkrankten Bruno Walter ein und dirigierte ein Carnegie-Hall-Konzert, das landesweit vom Radio übertragen wurde und gute Kritiken erhielt.
Bald schon wurde er von Orchestern in aller Welt als Gastdirigent eingeladen. 1945 wurde er musikalischer Leiter des New York Symphony Orchestra, ein Posten, den er bis 1947 behielt. Nach Serge Koussevitzkis Tod 1951 leitete Bernstein die Orchester- und die Dirigentenabteilung von Tanglewood, wo er viele Jahre unterrichtete. 1951 heiratete er die chilenische Schauspielerin und Pianistin Felicia Montealegre. Zu Beginn der fünfziger Jahre war er auch Gastprofessor für Musik an der Brandeis University und Leiter des dortigen Creative Arts Festivals.
1958 wurde Bernstein musikalischer Leiter des New York Philharmonic.
Bis 1969 dirigierte er mehr Konzerte des Orchesters als irgendein Dirigent vor ihm. Er erhielt anschließend den lebenslang gültigen Titel eines Laureate Conductor und hatte viele Gastauftritte mit dem Orchester. Mehr als die Hälfte seiner über 400 Einspielungen machte er mit dem New York Philharmonic.
Bernstein reiste als Dirigent in der ganzen Welt herum. Nach dem Zweiten Weltkrieg, 1946, dirigierte er in London und am internationalen Musikfestival in Prag. 1947 dirigierte er in Tel Aviv, der Anfang einer Beziehung zu Israel, die bis zu seinem Tod andauerte. 1953 dirigierte Bernstein als erster Amerikaner eine Oper in der Mailänder Scala: Cherubinis *Medea* mit Maria Callas.
Bernstein war ein großer Verfechter amerikanischer Komponisten, insbesondere Aaron Coplands. Die beiden wurden lebenslange Freunde. Als junger Pianist trat Bernstein so oft mit Coplands *Piano Variations* auf, daß er die Komposition als sein Markenzeichen betrachtete. Bernstein programmierte und spielte fast alle Orchesterwerke Coplands ein, viele von ihnen zweimal. Er widmete verschiedene vom Fernsehen übertragene *Young People's Concerts* Copland und dirigierte 1962 die Uraufführung von Coplands *Connotations*, einem Auftragswerk zur Eröffnung der (heute Avery Fisher Hall genannten) Philharmonic Hall im Lincoln Center.
Bernsteins Repertoire als Dirigent umfaßte die Standardwerke, doch besonders in Erinnerung bleiben seine Aufführungen und Einspielungen von Werken Haydns, Beethovens, Brahms', Schumanns, Sibelius' und Mahlers.

Besonders bemerkenswert waren seine Aufführungen der Mahler-Symphonien in den sechziger Jahren mit dem New York Philharmonic, die neues Interesse an Mahler weckten.
Bernsteins erstes großes Werk wurde die von seiner jüdischen Herkunft inspirierte Symphonie Nr. 1 *Jeremiah* (1943). Das Werk wurde 1944 vom Pittsburgh Symphony Orchestra mit dem Komponisten als Dirigenten uraufgeführt und erhielt den New York Music Critics' Award. Koussevitzky dirigierte die Uraufführung von Bernsteins Symphonie Nr. 2 *The Age of Anxiety* mit dem Boston Symphony Orchestra und Bernstein als Solisten am Klavier.
Seine 1963 komponierte Symphonie Nr. 3 *Kaddish* wurde vom Israel Philharmonic Orchestra uraufgeführt. *Kaddish* ist «dem Angedenken von John F. Kennedy» gewidmet.
Weitere wichtige Kompositionen Bernsteins sind *prelude, fugue & riffs* für Soloklarinette und Jazz-Ensemble (1949); *Serenade* für Violine, Streicher und Perkussion (1954); *Symphonic Dances from West Side Story* (1960); *Chichester Psalms* für Chor, Knabensopran und Orchester (1965); *Mass: A Theater Piece for Singers, Players and Dancers*, ein Auftragswerk zur Eröffnung des John F. Kennedy Center for the Performing Arts in Washington, DC, das dort 1971 erstmals aufgeführt wurde; *Songfest*, ein Liederzyklus für sechs Sänger und Orchester (1977); *Divertimento* für Orchester (1980); *Halil* für Soloflöte und kleines Orchester (1981); *Touches* für Soloklavier (1981); *Missa Brevis* für Sänger und Perkussion (1988); *Thirteen Anniversaries* für Soloklavier (1988); *Concerto for Orchestra: Jubilee Games* (1989); *Arias and Barcarolles* für zwei Sänger und zwei Klaviere (1988).
Bernstein schrieb 1952 die Oper in einem Akt, *Trouble in Tahiti*, und 1983 deren Fortsetzung, die Oper in drei Akten, *A Quiet Place*. Mit dem Choreographen Jerome Robbins schuf er drei wichtige Ballette: *Fancy Free* (1944) und *Facsimile* (1946) für das American Ballet Theater; *Dybbuk* (1975) für das New York City Ballet. Er schrieb die Musik zum oscargekrönten Film *On the Waterfront* (*Die Faust im Nacken*, 1954) und Begleitmusik für zwei Broadway-Stücke *Peter Pan* (1950) und *The Lark* (1955).
Bernstein war wesentlich an Broadway-Musicals beteiligt. Mit Betty Comden und Adolph Green schrieb er *On the Town* (1944) und *Wonderful Town* (1953). Mit Richard Wilbur, Lillian Hellman und anderen schrieb er *Candide* (1956). Weitere Versionen von *Candide* entstanden in Zusammenarbeit mit Hugh Wheeler, Stephen Sondheim u. a. 1957 schuf er mit Jerome Robbins, Stephen Sondheim und Arthur Laurents das bahnbrechende Musical *West Side Story*, dessen Verfilmung mit mehreren Oscars ausgezeichnet wurde. 1976 schrieben Bernstein und Alan Jay Lerner *1600 Pennsylvania Avenue*.
In der ganzen Welt fanden Festivals mit Bernsteins Musik statt. 1978 veranstaltete das Israel Philharmonic ein Festival zur Erinnerung an all die Jahre, da Bernstein sich für Israel eingesetzt hatte. Das Israel Philharmonic verlieh ihm 1988 auch den lebenslang gültigen Titel eines Laureate Conductor.
1986 veranstalteten das London Symphony Orchestra und das Barbican Centre ein Bernstein Festival. 1987 ernannte ihn das London Symphony Orchestra zum Ehrenpräsidenten. 1989 präsentierte die Stadt Bonn ein Beethoven-Bernstein-Festival. 1985 ehrte die National Academy of Recording Arts and Sciences Leonard Bernstein mit dem Lifetime Achievement Grammy Award. Im Lauf seiner Karriere gewann er elf Emmy Awards. Seine Reihe von vom Fernsehen übertragener Konzerte und Vorlesungen begann 1954 mit der Sendung *Omnibus*, 1958 gefolgt von den außergewöhnlichen *Young People's Concerts with the New York Philharmonic*, die sich über 14 Spielzeiten erstrecken sollten. Zu seinen vielen Auftritten in der PBS-Serie *Great Performances* gehörte der vielgerühmte *Bernstein's Beethoven* in elf Teilen. 1989 erinnerten Bernstein und andere mit einer weltweiten Fernsehübertragung aus Warschau an den Einmarsch in Polen 1939.
Zu seinen Schriften gehören *The Joy of Music* (1959, dt. *Freude an der Musik*, 1961); *Leonard Bernstein's Young People's Concerts* (1961, dt. *Konzert für junge Leute*, 1969); *The Infinite Variety of Music* (1966, dt. *Von der unendlichen Vielfalt der Musik*, 1979) und *Findings* (1982). Sie wurden in viele Sprachen übersetzt. 1972 bis 1973 gab er als Charles Eliot Norton Professor of Poetry sechs Vorlesungen an der Harvard University. Daraus entstanden die Fernsehsendung und das Buch *The Unanswered Question* (1976, dt. *Musik – die offene Frage*, 1981).
Bernstein ergriff mit Freuden die Gelegenheit, junge Musiker zu unterrichten. Seine Meisterkurse in Tanglewood waren berühmt. Er war 1982 entscheidend mitbeteiligt an der Gründung des Los Angeles Philharmonic Institute. Er half mit, ein Weltklasse-Ausbildungsorchester für das Musikfestival von Schleswig Holstein zu schaffen. Er gründete das Pacific Music Festival in Sapporo in Japan. Dieses nach dem Vorbild von Tanglewood entstandene internationale Festival war das erste seiner Art in Asien und findet heute noch statt. Bernstein erhielt eine Vielzahl von Ehrungen. 1981 wurde er in die American Academy of Arts and Letters gewählt, die ihm eine Goldmedaille verlieh. Der National Fellowship Award 1985 war eine Auszeichnung für seine lebenslange Unterstützung humanitärer Bemühungen. Er erhielt die Goldmedaille der MacDowell Colony; Medaillen der Beethoven- und der Mahler-Gesellschaft; das Handel Medallion, New Yorks höchste Auszeichnung für Künstler; 1969 einen Tony Award für besondere Leistungen im Bereich des Theaters; Dutzende von Ehrendoktoraten und Auszeichnungen verschiedenster Universitäten. Er erhielt u. a. die Schlüssel zu den Städten Oslo, Wien, Bersheeva und dem österreichischen Dorf Bernstein. Nationale Ehrungen widerfuhren ihm aus Italien, Israel, Mexiko, Dänemark, Deutschland (Bundesverdienstkreuz), Frankreich (Ritter, Offizier und Kommandeur der Ehrenlegion). 1980 erhielt er die Kennedy Center Honors.
Der Weltfriede lag Bernstein besonders am Herzen. In seinen Reden 1980 an der Johns Hopkins University und 1983 in der New Yorker Kathedrale St. John the Divine beschrieb er seine Vision globaler Harmonie. Seine *Reise für den Frieden*-Tournee 1985 mit dem Orchester der Europäischen Gemeinschaft nach Athen und Hiroshima geschah zum 40. Jahrestag der Atombombe. Im Dezember 1989 dirigierte Bernstein die historischen *Berlin Celebration Concerts* auf beiden Seiten der Berliner Mauer, während diese abgerissen wurde. Diese Konzerte waren eine noch nie dagewesene Geste der Kooperation: Es spielten Musiker, die das ehemalige Ostdeutschland, Westdeutschland und die vier Mächte vertraten, die nach dem Zweiten Weltkrieg Berlin aufgeteilt hatten.
Bernstein unterstützte Amnesty International von Anfang an. Um die Organisation zu fördern, stiftete er 1987 den Felicia Montealegre Fund zur Erinnerung an seine 1978 verstorbene Frau. 1990 erhielt Bernstein den Praemium Imperiale, einen internationalen Preis, der 1988 von der Japan Arts Association geschaffen worden war als Auszeichnung für ein künstlerisches Lebenswerk. Bernstein verwendete das Preisgeld von $ 100 000, um den Bernstein Education Through the Arts (BETA) Fund, Inc., zu gründen, bevor er am 14. Oktober 1990 starb.
Bernstein war Vater von drei Kindern – Jamie, Alexander und Nina – und Großvater von zwei Enkeln: Francisca und Evan.

Wien, 1984

Alfred Altenburger

Als Mitglied und Vorstand der Wiener Philharmoniker (1973–1993) erlebte er Leonard Bernstein in zahlreichen Konzerten, auf Tourneen und bei Platten- und Filmproduktionen. Alfred Altenburger ist heute Vorstandsmitglied des von Claudio Abbado gegründeten Gustav Mahler Jugendorchesters und seit 1999 Künstlerischer Leiter der neu gegründeten Gustav Mahler Jugend + Musik Stiftung in Bozen.
(Seiten 76/77)

Hildegard Behrens

Erst nach bestandenem Jura-Examen studierte Hildegard Behrens Gesang. Nach kurzen Anfängerjahren hatte die Sopranistin ihren Durchbruch, als Herbert von Karajan sie 1977 als *Salome* zu den Salzburger Festspielen einlud. Seitdem gastiert sie mit grossem Erfolg an fast allen großen Opernhäusern. Luciano Berio komponierte für sie die Oper *Cronaca del Luogo*, die bei den Salzburger Festspielen 1999 uraufgeführt wurde.
(Seiten 18/19 und 24/25)

Alexander Bernstein

Leonard Bernsteins Sohn Alexander, der die Realisierung dieses Buchprojektes von Anfang an unterstützte, ist Präsident des Bernstein Education Through the Arts Fund und Chairman des Leonard Bernstein Center for Education Through the Arts.
(Seiten 4/5 und 10/11)

Schuyler Chapin

Aus ersten beruflichen Kontakten 1959 entwickelte sich im Laufe der Jahre eine enge persönliche Freundschaft, die Mr. Chapin in seinem 1992 erschienenen Buch *Leonard Bernstein – Notes from a Friend* beschreibt.
Mr. Chapin, heute Commissioner of Cultural Affairs for the City of New York, ist Board Member im Bernstein Education Through the Arts Fund.
(Seiten 144/145)

Betty Comden

Die Schauspieler, Tänzer und Texter Betty Comden und Adolph Green haben in ihrer über 50-jährigen Zusammenarbeit die Bücher und Texte zu einigen der berühmtesten und beliebtesten Broadway-Musicals und Hollywood-Filmen geschrieben, darunter *Singin' in the Rain* und für Leonard Bernstein *On the Town* und *Wonderful Town*.
(Seiten 62/63)

Stanley Donen

Der 1998 mit dem Ehren-Oscar für sein Lebenswerk ausgezeichnete Regisseur und Produzent von Filmen wie *Singin' in the Rain*, *Indiscreet* und *Charade* hat 1949 gemeinsam mit Gene Kelly Leonard Bernsteins Musical *On the Town* verfilmt.
(Seite 126)

Christoph Eschenbach

Der international renommierte und gefragte Pianist und Dirigent, zuletzt Chefdirigent des Houston Symphony Orchestra, übernahm 1999 die Leitung des Symphonieorchesters des Norddeutschen Rundfunks. Bei einem seiner Besuche in Bernsteins alter Wohnung an der New Yorker Park Avenue soll er

vom Doorman wegen seiner Kleidung – Jeans und Lederjacke – zum Dienstboteneingang geschickt worden sein, woraufhin sich Bernsteins Frau Felicia zum Umzug von der East an die West Side entschlossen haben soll.
(Seiten 48/49)

August Everding (1928–1999)

Er gilt als einer der letzten großen Prinzipale der Bühnenwelt. Nach zwanzig Jahren als Schauspiel-Regisseur und Intendant an den Münchner Kammerspielen widmete er sich fast ausschließlich dem Musiktheater (neben Intendanzen in Hamburg und München inszenierte er weltweit an den großen Opernhäusern), und griff von seiner Wahlheimat München aus seit Mitte der 80er Jahre mehr und mehr in die Kulturpolitik ein.
Wie Everding wollte auch Bernstein ein mit offenen Augen schlafendes Publikum wachrütteln.
(Seiten 30–33)

Domiziana Giordano

Die in Rom geborene Schauspielerin hatte Hauptrollen u.a. in Filmen von Tarkowskij, Roeg und Godard.
Heute arbeitet sie überwiegend als Video-Künstlerin und Fotografin. Ihre Installationen waren Ende der 90er Jahre vor allem in Mailand und Rom zu sehen.
(Seiten 38/39)

Ivry Gitlis

Der in Paris lebende israelische Geiger – unter Seinesgleichen eine Kultfigur – debütierte Mitte der 40er Jahre in London. Seitdem führt ihn seine Karriere mit großem Erfolg bei Publikum und Presse rund um die Welt. Seine Begeisterung für den Film nutzten nicht nur Truffaut und Schlöndorff, um Gitlis als Komponisten und Darsteller zu verpflichten. 1981 erschien sein Autobiografie *L'Âme et la Corde*.
(Seiten 148/149)

Adolph Green

Die Schauspieler, Tänzer und Texter Betty Comden und Adolph Green haben in ihrer über 50-jährigen Zusammenarbeit die Bücher und Texte zu einigen der berühmtesten und beliebtesten Broadway-Musicals und Hollywood-Filmen geschrieben, darunter *Singin' in the Rain* und für Leonard Bernstein *On the Town* und *Wonderful Town*.
(Seiten 114/115)

Thomas Hampson

Der vielseitige amerikanische Bariton gehört als Opern- und Liedsänger inzwischen zur Welt-Elite. Neben dem «klassischen» Repertoire beschäftigt er sich auch mit der Aufbereitung der vielschichtigen Entwicklung der amerikanischen Musik. 1998 hat er unter Simon Rattle Bernsteins Musical *Wonderful Town* aufgenommen und wünscht sich, noch mehr Bernstein-Kompositionen einzuspielen.
(Seiten 16/17)

Charlie Harmon

Charlie Harmon studierte Komposition an der Carnegie-Mellon University. 1982 wurde er von Leonard Bernstein als persönlicher Assistent engagiert, 1985 wurde er dessen Archivar und später sein Musik-Editor. Seit 1990 ist er mit der Veröffentlichung einer kritischen Ausgabe von Leonard Bernsteins Kompositionen befaßt.
(Seiten 28/29)

Margot Hielscher

Die vielseitige Schauspielerin und Sängerin gab 1939 ihr Filmdebüt an der Seite von Zarah Leander in *Das Herz der Königin*. Im Lauf der Jahrzehnte folgten Hauptrollen in über 50 Filmen sowie unzählige Auftritte in Rundfunk und Fernsehen. Daneben kehrte sie immer wieder zur Bühne zurück, verweigerte sich auch dem Boulevard-Theater nicht und denkt zum Glück noch lange nicht ans Aufhören.
(Seiten 96/97)

Horant H. Hohlfeld

Als Produzent und Regisseur war er in seiner inzwischen über dreißigjährigen Tätigkeit bei der Film-Firma UNITEL mitverantwortlich für die Realisierung von mehr als 300 Musikproduktionen mit fast allen wichtigen internationalen Dirigenten, Regisseuren und Solisten. Seine Filme, besonders auch seine Dokumentar- und Konzertfilme mit Leonard Bernstein, haben international große Beachtung gefunden.
(Seiten 72/73)

Harry J. Kraut

Wer zu Leonard Bernstein wollte, kam an ihm nicht vorbei. Der Harvard-Absolvent wurde 1971 Manager und Produzent seines Freundes sowie geschäftsführender Vize-Präsident von Bernsteins Firma Amberson. Nach Bernsteins Tod wurde er zum Testamentsvollstrecker, Vermögensverwalter und Generalmanager des Bernstein'schen Besitzes bestellt. Seit 1987 ist Mr. Kraut auch Präsident der Arts, Planning & Design Company, einer weltweit tätigen Beratungsfirma auf dem Kulturmarkt.
(Seiten 70/71)

Robert Lantz

Den legendären New Yorker Agenten, Chef von The Lantz Office, verbindet eine lange, enge Freundschaft mit Leonard Bernstein und dessen Familie. Er ist Aufsichtsrat bei Amberson, der Bernstein-Firma in New York, und war Jahrzehnte lang für Bernsteins Bücher als Agent tätig.
(Seiten 50/51)

Chester Ludgin

Der amerikanische Bariton, dessen Karriere vor vielen Jahren in einem Night-Club begann, wurde von Leonard Bernstein für eine der Hauptrollen (Old Sam) in der Uraufführung von Bernsteins Oper *A Quiet Place* in Houston engagiert. Danach sang er die Rolle u.a. auch, unter Bernsteins Leitung, an der Wiener Staatsoper.
(Seiten 64/65)

Christa Ludwig

Die Mezzosopranistin, die zu Leonard Bernsteins Lieblingssängerinnen gehörte, hat in zahlreichen Bernstein-Konzerten und -Aufnahmen mitgewirkt, auch bei Aufführungen seiner eigenen Werke, z.B. bei der von Bernstein geleiteten Aufführung von *Candide* 1989 in London. 1994 verabschiedete sich Christa Ludwig nach einer langen internationalen Karriere von der Bühne.
(Seiten 46/47)

Yehudi Menuhin (1916–1999)

Der in den USA geborene legendäre Geiger stammte wie Bernstein aus einer Familie russisch-jüdischer Emigranten. Schon im Alter von sieben Jahren begann seine internationale Konzert-Karriere. In der Mitte seines Lebens genügte Menuhin die Geige allein nicht mehr: er wurde Dirigent.
Wie auch Bernstein lag Menuhin die musikalische Ausbildung der Kinder und Jugendlichen besonders am Herzen: er glaubte fest an die humane, versöhnende und bildende Kraft der Musik.
(Seite 8)

Lia Montoya-Palmen

Die kolumbianische Sopranistin gastierte an den großen Häusern Europas und Südamerikas. Seit 1976 ist sie Dozentin an der Rheinischen Musikschule in Köln.
(Seiten 140/141)

Judith Pisar

Amerikanerin in Paris und Französin in New York mit Passion für Musik und zeitgenössische Kunst. Anfang der 60er Jahre gründete sie The Composer Speaks – eine Vortragsreihe und gleichzeitig auch Agentur für Komponisten – und konnte Leonard Bernstein als Vorsitzenden dieser Institution gewinnen. Von 1978 bis 1994 leitete sie das American Center in Paris, Europas erstes «Amerika-Haus» und organisierte 1986 eine Ehrenveranstaltung für Leonard Bernstein, der im Gegenzug zu Ehren des American Center 1988 ein Konzert mit dem London Symphony Orchestra gab. 1996 gründete sie Arts France–USA, eine Organisation, deren Ziel es ist, amerikanische und französische Komponisten und Interpreten zu ehren.
(Seiten 134/135)

Marcel Prawy

Prawy arbeitete als Journalist und Musikschriftsteller, ehe er 1955 Dramaturg an der Wiener Volksoper und gleichzeitig Professor an der Wiener Musikhochschule und Dozent an der Wiener Universität wurde. Dank seiner USA-Erfahrungen führte Prawy nicht nur das Musical als Theater-Gattung an der Volksoper ein, sondern sorgte auch für sprachlich brillante Übersetzungen der amerikanischen Werke.
Bekannt durch seine TV-Sendungen, als Opern-Fachmann geschätzt, ist Marcel Prawy eine Wiener Institution, an der kein Künstler achtlos vorbei geht.
(Seiten 68/69)

Isaac Stern

Isaac Stern gilt als einer der größten Geiger der Welt. Er gehört zu den reisefreudigsten Musikern der Nachkriegszeit, und verstand sich schon bald als Botschafter. Zu Zeiten des Kalten Krieges machte er eine Konzert-Tournee durch die ehemalige Sowjetunion und besuchte danach auch die Volksrepublik China; auf dieser Reise wurde der Oscar preisgekrönte Film *From Mao to Mozart* gedreht. Seinem Engagement ist es zu verdanken, daß 1960 der drohende Abriß der Carnegie Hall verhindert werden konnte. Seit 1962 ist Isaac Stern Präsident der Carnegie Hall Corporation. Übrigens hatten die engen Freunde Stern und Bernstein im gleichen Jahr (1943) ihr Debüt in der Carnegie Hall.
(Seite 146)

Mark Stringer

Der junge amerikanische Dirigent studierte noch an der New Yorker Juillard School als Leonard Bernstein auf ihn aufmerksam wurde. Er machte Stringer zu einem seiner Assistenten und lud ihn ein, zwei europäische Tourneen mit ihm zu teilen. Nach Leonard Bernsteins Tod ließ sich Mark Stringer in Europa nieder. Nach fünf Jahren als erster Kapellmeister am Stadttheater Bern ist er heute ein vor allem in (Nord-)Europa viel beschäftigter Gastdirigent.
(Seiten 136/137)

Michael Tilson Thomas

Der amerikanische Dirigent gehört zu den besten und vielseitigsten der jüngeren Generation. Nach sieben Jahren als Chefdirigent des London Symphony Orchestra hat er 1995 die Leitung des San Francisco Symphony Orchestra übernommen und hat diesem Klangkörper zu einem international anerkannten Renomee zurückverholfen.
(Seite 133)

Craig Urquhart

Der vor allem in den USA durch Rundfunk-, Fernseh- und Plattenproduktionen bekannte Komponist war von 1985 bis zu dessen Tod Leonard Bernsteins Assistent. Für den «Estate of Leonard Bernstein» arbeitet er heute noch als für Öffentlichkeitsarbeit zuständiger Vize-Präsident und ist Herausgeber der Bernstein-Zeitschrift *prelude, fugue & riffs*.
(Seiten 104/105)

François Valéry

Der Sohn des Schriftstellers Paul Valéry hatte im Laufe seines Lebens viele hohe Positionen im Bereich der französischen Diplomatie inne; u.a. vertrat er Frankreich als Botschafter bei der OECD und der UNESCO. Über diese Tätigkeiten hinaus war François Valéry auch Präsident der Écoles d'Arts Américaines de Fontainebleau.
(Seiten 130/131)

Stephen Wadsworth

Der Regisseur, Librettist und Übersetzer schrieb mit Leonard Bernstein das Libretto zu dessen Oper *A Quiet Place*, die 1983 in einer ersten Version in Houston uraufgeführt wurde. Bei den Aufführungen der überarbeiteten Version an der Mailänder Scala und der Wiener Staatsoper führte er Regie.
(Seiten 92/93)

Michael Wager

Der Film- und Theaterschauspieler hat unter Leonard Bernstein als Sprecher in Strawinskys *Ödipus Rex* und weltweit in Bernsteins Dritter Symphonie *Kaddish* mitgewirkt.
(Seiten 150/151)

Peter Weiser

Der langjährige Generalsekretär der Wiener Konzertgesellschaft und Beauftragte der Stadt Wien für kulturelle Sonderprojekte übersetzte Bernsteins Bücher *Norton Lectures* (*Musik – die offene Frage*) und *Findings* (*Erkenntnisse*) ins Deutsche.
(Seite 132)

Friedemann Winklhofer

Der in Europa wie in den USA renommierte Organist und Cembalist hat auf ausdrücklichen Wunsch von Leonard Bernstein 1988 und 1990 bei Schallplatten- und Fernsehaufnahmen mitgewirkt und unter Bernstein in vielen Konzerten mit dem Symphonieorchester des Bayerischen Rundfunks gespielt. Friedemann Winklhofer ist Professor an der Hochschule für Musik in München.
(Seite 52)

Martin Wöhr

Der heutige Leiter der Abteilung Studioproduktion und Betrieb beim Hörfunk des Bayerischen Rundfunks war in seiner früheren Funktion als Toningenieur hauptsächlich für Musikproduktionen, insbesondere für Aufnahmen mit dem Symphonieorchester des Bayerischen Rundfunks – darunter auch viele mit Leonard Bernstein als Dirigent – zuständig.
(Seiten 26/27)

Krystian Zimerman

Der polnische Pianist gehört heute bereits zu den herausragenden Musikern nicht nur seiner Generation. Neben seinem Förderer Arthur Rubinstein gehörten die Dirigenten Carlo Maria Giulini, Herbert von Karajan und Leonard Bernstein zu seinen wichtigsten musikalischen Bezugspersonen.
(Seiten 86/87)

Thomas R. Seiler, geboren in München am 30. Dezember 1958, hat Kunstgeschichte, Germanistik und Theaterwissenschaften in München und Paris studiert und seine Studien an der Sorbonne mit einer Magisterarbeit über Henri Cartier-Bresson abgeschlossen. Anschließend hat er an der New York University (NYU) einen Filmworkshop absolviert.
Den Zugang zur Fotografie fand er autodidaktisch. Heute lebt er als Kunsthistoriker und freier Fotograf in Paris und München. Es ist ihm ein Anliegen, in seinen Bildern die persönlichen und die menschlichen Facetten hinter dem «offiziellen Bild» zu zeigen, ohne dabei voyeuristisch zu sein.
Thomas R. Seiler lernte Bernstein Anfang 1981 anläßlich einer Generalprobenfeier in München kennen. Die in der Folgezeit gemachten Fotos gefielen dem Künstler so gut, daß er dem jungen Fotografen anbot, ihn – neben seinem Studium – als inoffizieller Fotograf zu begleiten.

Allen, die mich bei der Realisierung dieses Buches unterstützt haben, gilt mein herzlicher Dank.
Insbesondere allen Freunden und Bekannten von Leonard Bernstein, die spontan bereit waren, meine Bilder mit ihren Erinnerungen zu ergänzen.

Impressum

Übersetzung aus dem Englischen:
Thomas Bodmer, Zürich
Projektleitung:
Robert Züblin
Lektorat:
Sara Schindler, Mirjam Ghisleni-Stemmle
Gestaltung und Realisation:
Atelier Markus Bruggisser, Zürich, Mitarbeit: Lucia Frey, Wild & Frey, Zürich
Vergrößerungen der Schwarz-Weiß-Negative:
blow up und Küffer & Stämmler, München
Fotolitho:
Alpha Druckereiservice GmbH, Radolfzell, Deutschland
Druck:
Spefa Druck AG, Zürich
Bindung:
Buchbinderei Burkhardt AG, Mönchaltorf, Schweiz

ISBN 3-908161-97-5 Deutsche Ausgabe
ISBN 3-908161-98-3 Englische Ausgabe